全国中小学有效教学模式指导丛书

丛书主编 **赵亚夫**

CHUZHONG SHUXUE
YOUXIAO JIAOXUE MOSHI

初中数学
有效教学模式

马小为 庞彦福 主 编 **钱云祥 孙学东 潘红玉** 副主编

北京师范大学出版集团
BEIJING NORMAL UNIVERSITY PUBLISHING GROUP
北京师范大学出版社

图书在版编目（CIP）数据

初中数学有效教学模式 / 马小为，庞彦福主编. —北京：北京师范大学出版社，2014.7（2014.8重印）
（全国中小学有效教学模式指导丛书）
ISBN 978-7-303-13810-4

Ⅰ. ①初… Ⅱ. ①马… ②庞… Ⅲ. ①中学数学课－教学研究－初中 Ⅳ. ①G633.602

中国版本图书馆CIP数据核字（2014）第056430号

营销中心电话 010-58802181 58805532
北师大出版社高等教育分社网 http://gaojiao.bnup.com
电子信箱 gaojiao@bnupg.com

出版发行：北京师范大学出版社 www.bnup.com
北京新街口外大街19号
邮政编码：100875
印　　刷：北京中印联印务有限公司
经　　销：全国新华书店
开　　本：170 mm × 230 mm
印　　张：9.5
字　　数：180千字
版　　次：2014年7月第1版
印　　次：2014年8月第3次印刷
定　　价：18.00元

策划编辑：李　志　　责任编辑：邢自兴
美术编辑：焦　丽　　装帧设计：小吴设计
责任校对：李　菡　　责任印制：陈　涛

全国中小学有效教学模式指导丛书

编　委　会

初中数学有效教学模式

编　委　会

总　序

在很久以前，有一所为了应付新世界的变化，以造就英雄为教育目的的动物学校。教学目标便是克服所有动物与生俱来的缺点。为此，学校设置了跑、跳、爬、飞、游泳等课程，期望把每一种动物都培养成全能型动物。学校的办学理念是：大家都是英雄！谁也没有弱点！因此，每个进学校的动物都必须修完全部课程。

鸭子是游泳能手，飞行水平也就刚刚及格，跑的能力极差。于是，它必须拼命地加课以强化跑的技能，直到它把脚都跑烂了，跑的成绩仍长进不大。不过，学校认为，这个成绩还可以接受。但是，鸭子愈加担心，因为它可能再也没有什么可以骄傲的强项。

兔子是另一个类型。它跑得极快，可不会游泳。老师要它拼命地练习游泳，由于过度训练，最终导致它精神崩溃。

松鼠爬得飞快，却没有飞行的本领。老师不让它爬到树上，而是飞上树。在飞行课上，它一再受挫，使自己最后的一点自信也丧失了。同样的老师，还超负荷地训练了马，让马专注于爬行。结果，马在爬行课上勉强得了个C的成绩。然而，由于过度训练爬行，马最擅长的跑，成绩却是个D。

鹰是个问题学生。在爬行课上，它最终打败了所有对手立于大树的顶端。但是，取得这样的成绩，并不是老师教的——尽管老师总是对它严加管教，它却始终坚持自己的方法，才保持了骄人的成绩。

草原鼠没有上这所学校，因为学校没有打洞的课程。结果是，它们依然能够把自己的后代个个训练成专门打洞的能手。再后来，还创办了自己的私立学校。①

显而易见，动物学校是失败的。究其主要原因：一是它的教育目的和理念是空想的，以致教学无效；二是它的教学目标是学生不可能做到的，即便有低

---

① Fred Stopsky，Sharon Shockley Lee，Roy Tamashiro. *Social Studies in a Global Society*. Delmar Publishers Inc.，1994. 3

效的例子，也是耗费了太多的教育成本，本质上依然是无效教学。

要彻底告别动物学校，深挖学科教学内涵，提高教学质量，需要推进和实现有效教学。从操作的角度简单表述有效教学，可以用“简洁、多样、生成、意义”八字概括。“简洁”是指教学目标简单明了，该引导学生做什么、做到什么程度一目了然；教学设计结构明朗、层次清晰，怎样引导学生去做、做了或可发生的结果一目了然。“多样”是指营造开放的学习环境，引导学生多角度、多方面地进行探究活动。“生成”是指多样化的学习活动，理应促成学生的独立思考和自我建构，既然有效的教学活动的出发点和立脚点都在学生身上，教学活动本身就是引发学生提出问题和解决问题的过程。“意义”是指教学生成的结果是有意义的，即学生的进步或发展能够显见于他们的表现，既包括时下的外在行动，也包括潜在的内化过程。

我们强调把握有效教学的核心标准和操作规程，希望一线教师在实践中自我创新。为此，在编写体例方面，采用更适宜培训和自修的学习板块，帮助教师们对有效教学有更为整体的认识，以便自觉地去超越固有的教学观念，把教学中蕴含的行动智慧与力量还给学生。在编写方法方面，由问题切入、案例指引、策略运用、教学建议构成具体内容，以便教师们更容易从操作的层面理解有效教学。我们期望这套丛书，能够让教师们一看就懂、一用就灵。

我们对丛书编写强调“一个意图”和“三个视点”。

“一个意图”是为教师们“减负”提供一条途径。当然，“减负”不是不要学习，而是减去不必要的学习负担，包括各种有形的和无形的压力和无效工作，其目的是提高教学质量。为此，这套丛书力图做到：(1)精选问题和案例，尽可能减少教师们在探索有效教学过程中的困难，强化有效教学的核心观念；(2)纠正过度备课、过度使用资源和活动的现象，尽可能帮助教师们找到简便易行、效率高、效益好的办法进行教学；(3)理论结合实践，尽可能通过小文本读物呈现丰富且实用的内容，使之成为有学习价值的“备案图书”。

“三个视点”是“速成”“速立”“速用”。“速成”，即让教师们能够很快掌握有效教学原理；“速立”，即让教师们能够运用有效教学原理，进行有效的教学设计，做一个有效教师；“速用”，即让教师们能够运用各种有效的学习指导技能，完成学生的有效学习。

赵亚夫

2014 年 2 月 18 日

目录

CONTENTS

第一章
探索初中数学教学的有效模式

第一节　听课评课中发现了什么

在日常教学中，我们经常会参加一些听课活动。听完课之后，各位听课老师对课的评价有时观点大同小异，有时意见很不一致。孰对孰错？这就需要我们去思考，我们到底应该追求什么样的课堂？试想，评价方向如果不一致，那又怎能得出相同的评价结果呢？

【案例 1】在“从问题到方程”这节课上，上课伊始，为了调动学生学习热情，教师通过课件依次给出了乔丹、姚明的照片，并问同学们：“你们喜欢篮球运动吗？你知道照片上的是哪位篮球明星吗？你知道他们今年分别几岁吗？”

对于姚明，绝大多数同学知道其姓名，并有学生能说出其年龄。但是，看着乔丹的照片，同学们纷纷猜测：“科比？”“麦蒂？”……众说纷纭了许久，还是没人能说出其姓名。此情此景下，教师只能直接告知照片中的篮球明星为乔丹，然后再通过课件给出题目：“姚明今年 33 岁，乔丹今年 50 岁，那么多少年后，姚明的年龄是乔丹的年龄的四分之三？”

【案例剖析】为了能让问题的出现较为自然且能激发学生的学习兴趣，案例中的这位教师动足了脑筋，精心设计了一个情境：从学生喜爱的篮球运动引出话题，却不料全班学生压根儿都不认识大名鼎鼎的篮球明星乔丹。于是，数学课堂就演变为“猜谜语”。遗憾的是，众人猜了许久也未猜出答案。

课堂上为什么会出现冷场？为什么启而不发？为什么出现无效环节？是乔丹不够知名还是学生孤陋寡闻呢？显然不是！是因为教师没有真正地从学生角度看待问题，更没有从促进学生有效学习的角度去设计课堂，而仅仅是为了使课堂有一个导入环节而已。要知道，现在的学生与运动巅峰时期的乔丹不是一个时代的人，于是出现如案例所描述的未能达到预期目标的结果也就很正常了。其实，在这节课上，教师可以从学生所熟悉的人物的年龄引出话题，例如研究一下数学老师与班级中的某一名学生的年龄问题。或者，砍掉情境导入环节，开门见山，直击问题。

《全日制义务教育数学课程标准（实验稿）》（以下简称“《课标（实验稿）》”）“提倡多种教学形式”。修改后的《义务教育数学课程标准（2011 年版）》（以下简称“《课标

(2011年版)》”)倡导数学教学“应根据具体的教学内容”，“从学生实际出发”，“创设有助于学生自主学习的问题情境”，让学生获得“基础知识、基本技能、基本思想、基本活动经验”，不断提高学生“发现问题和提出问题的能力、分析问题和解决问题的能力”。我们到底需要怎样的课堂？是追求所谓环节完整的躯壳，还是追求朴实有效的内涵？答案显然应该是后者。课堂教学中遭遇冷场，也是常见的。我们不能因为课堂的冷场就认定这不是一节好课或对这节课全盘否定。但是，我们教师也应该从中寻找和发现问题，客观分析一下自己的教学设计是否存在无效环节，换位思考一下设计是否合理、是否基于学生的认知储备，全面反思一下是否存在进一步优化的空间。只有在日常教学中树立精益求精的精品课堂意识，我们的课堂才会不断走向成熟与完善。

【案例2】在“多项式”这节课的教学中，教师出示了这样一道题：

若正整数 m，n 满足 $m>n$，则代数式 $2x^m-3y^n+(-1)^{2(m+n)}$ 是　　（　　）

A. m 次三项式　　　　B. n 次三项式

C. $2(m+n)$ 次三项式　　　　D. m 次二项式

当同学们独立审题之后，有了如下一段对话：

学生1：我认为应该选“C”。(班级中还有不少学生跟着随声附和。)

教师：同意这一观点的请举手示意一下。(差不多有超过一半的学生举起了手。)请说说你选“C”的理由。

学生1：因为 m、n 都是正整数，所以三个指数 m、n、$2(m+n)$ 中，$2(m+n)$ 最大，所以这个多项式的次数为 $2(m+n)$，又因为共有三项，所以这是 $2(m+n)$ 次三项式。

教师：其他同学有不同意见吗？

学生2：老师，肯定是选“C”。你看，“D”选项肯定是错的，因为这是一个三项式。此外，“B”选项也肯定是错的，因为题目有 $m>n$ 这一条件。而“A”和“C”比较之后，显然 $2(m+n)>m$。

教师：同意此观点的请举手。

(这时，班级中大多数学生都举起了手，而刚才第一个给出答案的学生1却没有举手。于是，教师又请学生1发表意见。)

学生1：我感觉应该选“A”。

教师：你刚才说选“C”，现在改变看法了。能向同学们阐述一下你的理由吗？

学生1：我觉得答案就是“A”，理由我一时说不出。

教师：其他人的观点呢？

学生3：我们只要对照“多项式的次数”的定义——多项式中，次数最高的项的次数，就是这个多项式的次数。而单项式的次数，则是指单项式中所有字母的指数的和。显然，最后一项的底数 -1 不是字母，只是一个数。所以就算它的指数再高，它也只是常数项。所以选“A”。

其他学生也纷纷表示理解，同意选“A”。

【案例剖析】案例中的教学片段，充满了理性与激情。在这节课上，我们可以看得出教学非常民主。从发言情况看，学生能够大胆地发表自己的观点，哪怕是凭感觉得到的答案。而教师在对话中，则准确地坚持自己的定位：组织者、引导者与合作者。通过教师的穿针引线，学生的争辩思考，最终正确答案从学生的口中自然流淌出来。课堂上，面对易错题，面对学生的错误解答，教师并不急于表明立场与观点，灌输正确答案，而是根据学生的思维动向，巧妙地组织了课堂对话。这样，既避免了教师的一言堂现象，也避免了因学生能力欠缺而导致问题不了了之甚至将错就错情况，更锻炼了学生课堂思考与表达的能力，提高了学生学习的积极性与主动性，进而提高学习效率。

我们需要怎样的课堂？案例 2 也许已经给出了答案。数学思维，是数学课堂的灵魂。数学课，应该充满理性。在民主的氛围中，充分发挥学生的主动性、积极性和创造性。好的课堂，可以没有课件，可以没有掌声，但是不能缺失学生的主体体现，不能缺失学生思维的有效参与。

第二节 什么样的课才是有效的

好的数学课，能让听课学生变得越来越聪明，能让听课老师大受启发。一方面，好的课堂，往往犹如一幅画，给人以美的享受；犹如一首歌，让人久久难以忘怀。另一方面，好的课堂，未必一定会有一个统一的布局或框架。如果我们深入解读优秀教师的优秀课，那就不难发现，许多课也许风格迥异，但是，万变不离其宗，好课一定是有效的。

【案例 3】在“勾股定理”新授课上，在探究勾股定理的环节中，有如下一段教学片段：

教师：请同学们画一个直角三角形，并且两条直角边分别是 3 cm、4 cm，并请量出斜边是多少？

几分钟的画图、测量等操作后，开始有学生举手发言。

学生 1：4.9 cm。

教师：再量一次。(希望同学们得到教师的预设答案。)

学生 2：5 cm。

教师：你们是不是都是 5 cm 呀？(教师脸上露出了笑容。)

教师：同学们再画一个直角边分别为 5 cm、12 cm，量出它们的斜边长。

学生 3：13 cm。

教师：好！这位同学画得又快又准确。(学生的回答让他很满意。)

教师：从这两个三角形你们能发现什么？

虽一再启发，但不见成效，全班学生都哑口无声。许久之后，终于有一个学生发现了其中的奥妙，很骄傲地站了起来。

学生4：老师，很简单，我发现$3+4>5$，$5+12>13$。也就是说：在直角三角形中，两条直角边之和一定大于斜边。

教师：你说的这不是废话吗？你们这群人啊，在学新知识前怎么都不知道预习课本呢？

学生4原本兴冲冲地等待表扬，但是听了老师“语重心长”的教训后，只得灰溜溜地坐下。

教师(提示)：算一下，$3^2+4^2=($　　$)$，$5^2+12^2=($　　$)$。

此时，班级里的学生才陆陆续续地恍然大悟，明白了老师想要的结论。

【案例剖析】案例中的课堂教学，虽然在教师的提示下，最终让学生“明白了”教师想要的结论。但是，全面分析案例所描述的对勾股定理的探究环节，即可发现，这绝不是一节好课。因为，上面的探究，其实是无效的。首先，教师设计了学生的操作活动——动手画直角三角形，这是可行的，但对于勾股定理的结论——$a^2+b^2=c^2$，这根本就不是学生画图得到三个数据后能一眼看出的，因此，学生根本无法按照教师的预设给出正确的解答。到最后学生便成为教师手中的牵线木偶，当学生的答案如教师所期待的结果时，教师就露出笑容；否则学生就会听到“语重心长”的“谆谆教诲”。其次，按这位老师的设计思路，测量是不允许误差的，这本身就存在科学性问题。

试想，当学生在探究中还需揣摩教师想要的结论的时候，他们的探究又怎谈得上有效？我们教师不妨扪心自问一下：在不了解勾股定理的情况下，面对3 cm、4 cm、5 cm这样的测量数据，又怎么会跳跃式地一下子想到计算它们的平方呢？由此可见，正是由于教师的设计理念存在缺陷，才导致学生难以探究出相关的结论。更进一层去思考，假如学生都按教师所期望的那样去提前预习了这部分内容了，那么再安排这一探究环节岂不显得纯属多余吗？课堂上进行假探究，绝不是有效教学该有的呈现方式。

每一节课，都有一定的教学目标。围绕教学目标进行教学设计，然后把设计落实于课堂，这就是上课。什么样的课能称得上好课？答案也许难以用一两句话描述清楚。但是，低效甚至无效的课堂一定不是好课，哪怕整个课堂都能按教师预期的那样有条不紊地推进。所以，能否上出好课，首先取决于教师自己对课的理解。只有从学生的实际情况入手，本着追求有效教学的信念去设计、去实践，才有可能演绎出一节又一节的好课。

【案例4】在一次区级公开课上，课题为“瓷砖的铺设”。课前，教师让学生准备了一些多边形纸板和一些瓷砖拼图。课堂上，教师利用半个多小时的时间组织学生通过实物投影仪进行瓷砖形状图的展示，同时组织小组相互评价，同学们热情高涨，主动参与的积极性非同寻常，课堂气氛可谓“异常热烈”。可惜的是，教师自始至终都没有按照教科书的意图向学生提出诸如以下的问题：①这些形状的瓷砖为什么能铺满地面而不留一点空隙呢？换一些其他的形状行不行？②能否用正三角形、正方形、正六边形等地砖来铺设？③能否把正多边形换成任意多边形？④不规则的四边形也能铺满地面不留空隙，其奥秘在哪里呢？⑤若能无缝密铺需要满足什么条件？如何用数学的形式来表示这种条件？同时，也没有组织学生对能否密铺进行探究活动。

【案例剖析】许多老师对好课的理解有偏差，正如案例中的这位老师，他所追求的可能就是让课堂变得热闹，这一点在公开课上表现更为突出。确实，上课需要营造好的课堂气氛。但是，片面追求表面“热闹”的课堂气氛，未必能促使课堂变得有效。对于“瓷砖的铺设”这节课，其教学目标不应该定位于图片欣赏，而应该是探究瓷砖的铺设过程中所蕴含的数学知识和图形中所体现的数量关系及规律。因此，这节课应朝着理性的方向推进，上出该有的数学味。然而，这节课从头到尾，未见教师这样的设计意图。试问，这样的课堂，怎能落实该有的教学目标？怎能称得上有效课堂？

在本案例中，这位老师让学生课前准备一些材料用于课堂上拼图，应该说设计还是比较恰当的，可以唤起学生对瓷砖铺设的直观感受，促进对瓷砖如何铺设的理解及规律探究。但这些资源虽好却没有用得其所，由于学生自主合作探究的主题不够明确，一节课绝大部分时间在轰轰烈烈的展示、精彩纷呈的汇报交流中度过，将本应是学生动手与动脑相结合的操作过程，异化为“口才作秀课”“欣赏 PK 赛”，从而迷失了数学本质和自我，最终导致的结果就是低效、无效。为什么会上这节课？值得教师引起反思。

上好每一节课，教好每一名学生，这是每位老师的教学追求。好课一定是有效的，为了实现我们的教育教学目标，我们有必要深入研究有效教学的特征，以便我们明确课堂教学的正确方向。

第三节 有效教学的主要特征

如前文所述，好课一定是有效的。好课固然需要教师的精雕细琢，但是原生态的课堂更能看出教师日常的教学水准。试想，假如教师的课堂教学只是追求华丽，只是追求热闹，那么，我们的学生在充斥浮华的课堂上究竟能得到多大的收获与发展呢？所以说，我们有必要深入剖析有效教学的特征，以便为我们的教学方向正确导航。

（一）有效的教学目标，应以合理自然、贴近学生实际能力为原则

数学课堂，当然离不开数学问题的呈现、分析与解答。但真正的数学课堂绝非只是为了解答一些数学题。在数学课堂上，教师要做的不是机械地把教科书内容灌输给学生，也不是指导学生阅读教科书后再组织学生进行一些纯模仿的所谓的课堂训练。“例题——练习”等模仿性的机械化操作方式，可能在一节课里是可行的，但着眼于学生能力的长远发展来说却是低效的。在教学设计中，教师必须思考如何引领学生探索数学知识的前因后果，探究解决新的数学问题的思路与方法，并在提高解决数学问题的能力的同时，体验与感悟相关的数学思想与方法，从而形成各自的数学品质。这些目标的实现在课堂教学实践中不应是人为割裂的，而应融合于课堂的每一分钟。

在进行教学设计之初，教师首先得确立教学目标，然后选取合适的素材，进而完成整个教学设计。教学目标定位准确与否，会直接影响到课堂教学的有效程度。

【案例 5】在七年级“立体图形的三视图”一课的教学中，教师在讲解了几道有关“画简单立体图形的三视图”的例题之后，通过课件给出了如下所示的一道课堂练习题：

已知一个由若干个小正方体搭成的立体图形的三视图如图 1.1 所示，请你根据三视图画出这个立体图形。

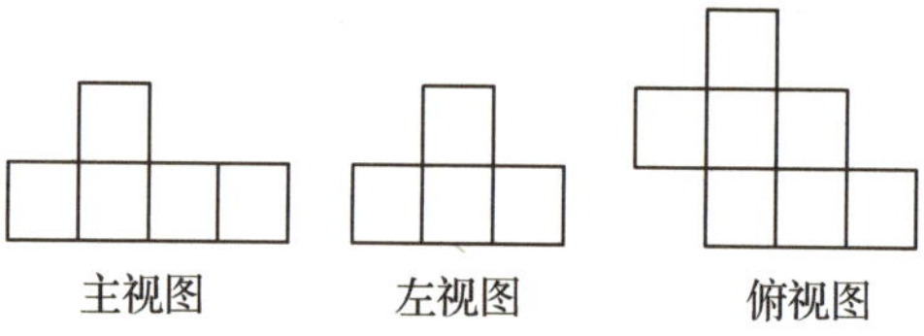

图 1.1

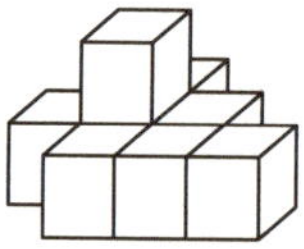

图 1.2

可是，在题目呈现后近十分钟，全班还是没有学生能画出所要的答案。于是，教师就一边训斥学生一边自说自画地在黑板上画出了如图 1.2 所示的答案。

【案例剖析】从案例所描述的课堂教学片段看，似乎学生的课堂表现不尽如人意，所以教师看到“失败”的结果，于是忍不住“训斥”，最终只能“自说自画”地给出答案。

问题究竟出在哪个环节？真的是学生表现不佳吗？未必！真正的原因在于教师进行教学设计时目标定位不合理，教学环节的衔接不自然，而且教学要求超出学生能力范畴。从课题“立体图形的三视图”上看，这道题设计得好像还算比较吻合主题。但是，对照《课标(2011 年版)》不难发现问题所在。《课标(2011 年版)》指出，关于这一内容，要求学生“会画直棱柱、圆柱、圆锥、球的主视图、左视图、俯视图，能判断简单物体的视图，并会根据视图描述简单的几何体。”也就是说，并不需

要学生掌握“根据视图画出立体图形”这一技能。从字面上看，“描述”与“画图”在难度要求上有着明显的区别。而这道题，要求学生“画出”立体图形，很明显超过《课标(2011)年版》的目标要求了。此外，从几道有关“画简单立体图形的三视图”的例题直接到“根据三视图画出立体图形”，也显得层次跨越较大，缺乏逐步推进的过渡。解答这道题，七年级的学生即使知道立体图形的大概结构，能够没有任何差错地比画出这个立体图形，但想要画出这个立体图形则显得有心无力。所以，随意拔高要求，非但无益于学生能力的提升，反而会对学生学习信心的建立造成伤害。这样的教学设计，岂能演绎出有效的数学课堂？

其实，如果我们合理确定目标，将这道练习题修改如下：“已知一个由若干个小正方体搭成的立体图形的三视图如图 1.2 所示，则这个立体图形是由________个小正方体搭成的。”如此一来，就符合《课标(2011 年版)》的要求——会根据视图描述简单的几何体。

因此，我们在进行教学目标设计时，应该以合理自然且符合学生实际为原则——目标定位科学合理，教学过渡力求自然。在追求课堂高效的同时，注重激发学生“打破沙锅问到底”式的求知欲望，使课堂上数学知识或数学问题的呈现、解题思路或方法的探究、数学思想的渗透都变得自然，在不知不觉之中，下课铃声响了，教学目标实现了，可学生似乎还意犹未尽，将有限的课堂引向课外……

(二)有效的教学情境，应以实际需求为前提

教学情境的创设是否有必要，不能一概而论，而应根据教学内容的实际需求确定取舍。好的素材，恰当、经典的情境，既可以让学生自然清晰地感受到知识的由来，也可以让学生对知识或方法理解、掌握得更透彻，记忆得更深刻；不恰当的情境则可能成为课堂的败笔，破坏课堂的美感，并将直接影响课堂教学的有效性。

【案例 6】在“探索直线平行的条件”这节课上，教师在导入新课之前抛出了这样一个问题：如图 1.3 为一块左、右两边已破损的板材，你能判断它的边 AB、CD 是否平行吗？

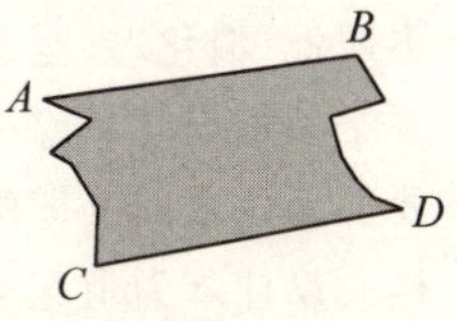

图 1.3

课堂上，大多数学生凭直觉发表自己的观点，有的说平行，有的说不平行。有学生回答：“根据定义，在同一平面内永不相交的两条直线叫做平行线。因为 AB、CD 不相交，所以平行。”另有学生反驳：“图中 AB、CD 延伸后将会相交。”在学生因观点不同而争论的情境之下，非常自然地导出了新课——探索直线平行的条件。

……

在新课临近结束时，教师再次抛出了前面的问题：你能判断它的边 AB、CD 是否平行吗？

在几分钟的思考之后，有部分学生想到了构造“三线八角”，任意添加一条直线

EF，分别交 AB、CD 于 G、H，如图 1.4 所示。然后通过"度量"，量出想要测量的角的度数，利用本节课所学的平行线的判定方法判断 AB 与 CD 是否平行。

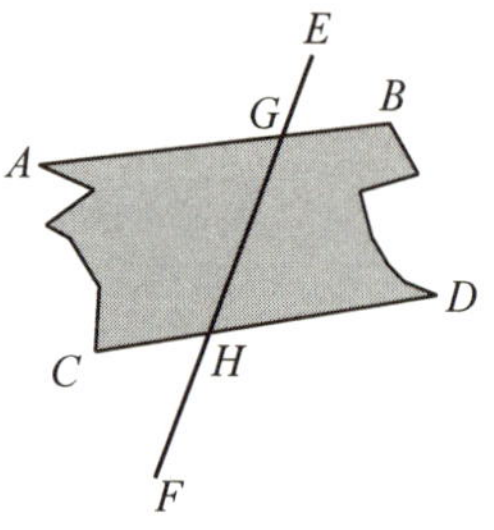

图 1.4

在学生说出自己的思路时，教师让添加出直线 EF 的学生说说自己的想法——怎样想到的？从学生的表现看出，回答很精彩，并且很激动。

【案例剖析】案例中这节课，设计非常精妙。教师在导出新课之前，先让学生凭直觉或根据定义判断图 1.3 中的两条直线是否平行。在学生因观点不同而争论的情境之下，非常自然地导出了新课——探索直线平行的条件。而在新知识、新方法习得之后，课堂收尾之时，再次回到这一问题上来——添设第三条直线以构造同位角、内错角或同旁内角，从而让学生立竿见影地体验到"学以致用"的道理。这样首尾呼应的安排，既检测了学生对本节课知识的掌握程度，考查了学生解决问题的综合能力，又让学生在实践中体验"学以致用"的道理。

创设教学情境，既要有一定的挑战性，又不能让学生产生畏难情绪。从本节课的设置效果上看，较好地发挥了导入的作用。绝大部分学生自我感觉会判断 AB 与 CD 是否平行(姑且不论对错)，但除了直观的感觉以及平行线的定义之外，却又找不到足够的理由说服持有不同观点的同学。此时，在好奇心的驱动之下，学生欲罢不能，很容易产生继续学习、探索新知识的欲望。巧妙的情境使得"为什么要学习本节课"得到了明确的答案，于是新课的展开也就变得非常自然。

曾几何时，课堂即任务的观念影响了众多一线教师。于是，"考什么就教什么"成了许多教师的座右铭。随之而来，相关知识就被人为地割裂成一块一块的，一节课一块，教师要做的就是在每节课上把相应的知识灌输给学生，然后让学生囫囵吞枣般地"消化"。至于知识的由来，学科的趣味性，教师则一概不顾。也曾几何时，教学情境设计风靡中小学课堂教学，从一个极端走向另一个极端，不管内容是否需要，新课之前一律配上一个情境。显然，有效的教学情境，一定是以实际需求为前提而设计，为引起学生对学习新知识的兴趣，增强学生学习的动力，培养学生应用数学的意识而设计的。

(三)有效的教学课件，应以简单实用为方向

在数学课堂上，许多教师都使用教学课件。确实，数学教学中，根据需要使用教学课件，可以让教师更灵活、更方便地组织教学内容，驾驭课堂教学，使数学教学更生动、更有趣、更透彻。恰当运用教学课件可以充分突出教学重点、巧妙突破教学难点，进而优化课堂教学，提高教学质量。

新课程实施以来，广大一线教师对教学课件的运用也愈加重视。多媒体辅助教

学也为许多精彩课堂、成功课堂增色不少。然而，我们也必须清醒地意识到，在具体的运用教学媒体的教学实践中，由于对运用媒体的目的认识不够深入，造成实际操作上出现一定的偏差。教学课件如何设计得更便于实施有效教学，值得教师深入思考。

【案例7】这是七年级“有理数的加减法运算”的一节复习课，教师安排在电脑房上课。课堂上，教师安排了这样的一个环节——一人一机的学生运行教师制作的一个小课件(有理数的加减法)。课件是用Flash软件制作的，设计原理如下：利用Flash软件中的函数功能，对于式子$a\Diamond b=c$，其中a、b为大于-20且小于20的随机整数，而“◇”则在“＋”、“－”两个运算符号中随机产生一个，c为一个方框，由学生通过键盘输入计算结果。一旦学生输入结果，按下回车键，电脑则会自动批改：若学生答对，则加上一定的积分；若学生答错，则扣除一定的积分。限定的时间(如1分钟)结束时，电脑根据学生最后的积分情况，给出一段或表扬或鼓励的评语。同时，学生的所有答题情况(答对或答错)与积分情况都会汇总到教师机上，以便教师了解班级整体情况及每一名学生的情况。从课堂现状看，学生意兴盎然，并且都在力求得高分——答题时一方面非常谨慎，另一方面也很注意解题速度的提高。

【案例剖析】考查七年级学生对“有理数的加减运算”的掌握情况，数值没有必要设置得过于繁琐，学生的易错点是运算结果的符号及绝对值。若对案例中的两个有理数a、b(绝对值小于20的两个整数)的加减运算，学生掌握了符号及绝对值的确定方法，则表明学生已掌握了有理数的加减法法则。在那个有点类似于电脑游戏的限时小课件中，要想得到较高的分数，则要求学生的计算既快又准。当学生面对电脑答题时，他会十分关注答题的每一个细节，包括运算符号。而这正是传统教学中学生容易忽略之处。

案例中的教学课件，一节课尽管只使用了1～2分钟，但训练量较大且训练效果非常有效。此外，按照此课件的设计思路，只要对课件的源程序稍加调整，即可得到“有理数的乘法”的课件($a\times b=c$)。更进一步，对案例中的课件修改程序如下：若学生在规定时间内积到规定的分数(如100分)，则闯关成功，进入下一关——难度加大，如将a、b的取值范围改变，如在-50～50之间取随机整数，甚至是取小数，而“◇”则在“＋”“－”“×”这三个运算符号中随机产生……若将这样的课件拷贝给学生带回家拓展训练，则学生的学习兴趣会被充分调动起来。在一次次的闯关游戏中，学生的计算能力得到了快速提高，真可谓寓教于乐。

顺延案例中课件制作的思路，我们可以开发系列的学习有理数运算的课件。这些简单实用的课件，对于促进学生的学习很有帮助。开发这样的课件，是很有价值的。

教学课件，是为课堂教学服务的。所以，教师不能成为课件的奴隶，而应最大限度地发挥信息技术的作用。因此，对于教学课件的设计，我们应以简单实用为导向。第一，制作一个课件不应花费教师过多的精力(当然有个学习的渐进过程)，否则价值不大，例如折一张纸就能实现的效果非要用课件来实现就有杀鸡用牛刀的感觉。第二，教师对课件必须能熟练操作，而不是只会简单地点击鼠标，否则课堂上稍有预设之外的变化，整个课堂会乱套。第三，课件必须能解决一些常规教学手段实施过程中难以突破的一些教学难点与重点，而不是用课件与不用课件一个样。第四，用课件必须能更好地激发、调动学生学习的兴趣与积极性，而不是只起到代替板书的作用。第五，制作的学科教学课件必须能很好地反映学科本性，哪怕仅是一个教学片段，不求面面俱到，但应以生为本。只有符合以上几个基本条件的学科教学课件才有实际的意义与使用价值。

(四)有效的教学对话，应以思维互动为基础

深入一线课堂不难发现，凡成熟的课堂，优秀的课堂，教师的智慧、学生的灵气无不时时从师生教学对话中透射出来，有时甚至是只言片语却能折射出师生的默契。然而，也有的课堂，看似热热闹闹，师生对话精彩纷呈，可是细细品味，总觉得课堂中似乎少了点什么……深入分析，两者的差异就在于教师的设问是否以理性思维、深度思维为基础，师生对话乃至生生对话是否以民主互动为基础。

我们知道，教学中提出的问题，是教师根据教学需要设计的必不可少的诱导语言，是教师传授知识的媒介物。教师设问是调动学生学习兴趣的重要手段，是引发启发式教学的关键。好的问题，能有效刺激学生的大脑神经，使之处于积极思维状态，从而提高教学效率；好的问题，肯定不是全班同学都能立即答得上；好的问题，必定能启迪学生的理性思维。

【案例 8】在“相似图形的性质”新授课上，在引出成比例线段的概念之前，有如下一段教学对话：

教师：我们来看一组图案(如图 1.5，“几何画板”软件制作的课件中由一幅图片演变出四幅图片)，对比原图片与下面的四幅图片，你能想到什么？

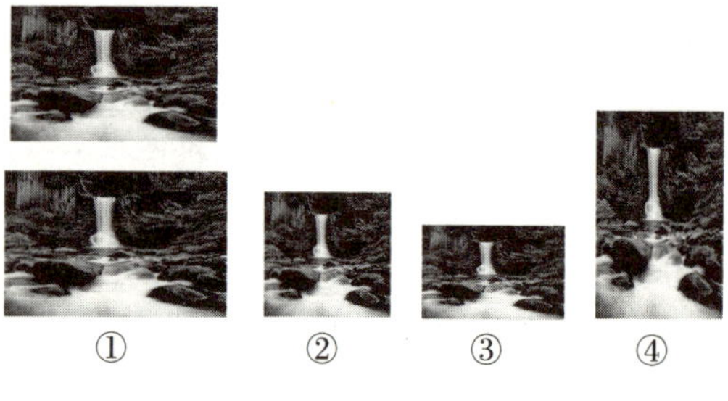

图 1.5

约半分钟的“冷场”、短暂的窃窃私语过后，学生 A 自告奋勇地回答：“图①与

图③都与原图相似，而图②与图④与原图都不相似。"

教师"尚未来得及"评价，学生B站了起来，问道："老师，我也是这么想的，但我有一个疑问：凭什么说图①与图③都与原图相似，而图②与图④与原图都不相似呢?"

教师："问得好。哪位同学能帮助老师回答这个问题呢?"

三分钟的宁静过后，学生C站了起来："我觉得图①与图③的长宽比与原图的长宽比相等，而图②与图④则不符合。"

接下来就很自然地借助"几何画板"软件的"度量""计算"功能，从而引出成比例线段的概念……

【案例剖析】上面的教学片段中没有喧嚣繁华的成分，倒是"冷场""宁静"让人感觉似乎有点不够尽善尽美，然而这"冷场""宁静"恰恰是数学课堂所需要的理性思维的时间与空间，缺乏思维的互动是假互动，正是有了足够的时空用于思索，后面的教学对话才促成了课堂的和谐推进，闪耀了学生智慧的光芒……

古人云，君子之学必好问。教师的以思维为基础的设问必将引发学生的思维探究，随之，在基于民主氛围的课堂上，学生的思维得以碰撞，火花得以闪现，在批判性思维方式的驱动下，学生可以自由地向教师质疑，学生可以面红耳赤地相互辩驳。课堂，尤其是数学课堂，可以没有对答如流，可以没有掌声雷动，但却不可没有学生的思维尤其是个体思维，不可没有学生向教师质疑的勇气。

课堂教学，不是反复彩排之后的正式演出。我们的学生是活生生的人，学生是带着思维参与课堂学习的，因此，课堂的下一分钟将向哪个方向演绎都是未知的。只有以思维互动为基础，课堂上的教学对话才会具有真正的灵性，这样的对话，才是真正的有效教学对话，在师生的思维碰撞中提升学生的思维水平。

第四节 教学从模式走向有效

教书育人是教师的神圣职责。每一位老师，都想上出好课，都想使自己的课堂变得更有效。对照有效教学的特征，我们可以在教学目标确定、教学情境设计、教学课件制作、教学对话把握等方面精心预设、巧妙生成。但是，课堂教学绝非依葫芦画瓢式地做填空题，填好每个板块，从而构成完整的课堂。那么，教师在教学实践中究竟怎样教才可以更有效呢？这就需要我们基于实践做研究，多思考，多总结，多提炼，从而探究得出提高教学有效性的根本途径。

(一)真研究才能提炼出真成果

一线教师的教学研究，应该扎根于课堂，研究教与学的方方面面。哪里有问题，哪里就有研究的空间。例如，关于教师怎样教可以更有效，就是一个非常值得研究的话题。但是，如何研究才能提炼出可以切实指导教学实践的成果，很值得我们反思。

【案例 9】为推进教师深入开展有效教学的研究，学校特组织了一次教学论文评比活动。李老师为了参加这次评比，特地花了几个晚上的时间，完成了一篇有关数学教学的数据翔实的论文，题为《初中学生开方概念及二次根式运算错误类型的分析》。文中，李老师根据自己命制的一份复习测试卷的答题情况，分类列举了所教班级学生在“开方概念及二次根式运算”方面的错误，并对出现各类错误的学生的比例作了较为详尽的统计：

1. 问题：给出如下 4 个数：π，0，-2，$\frac{1}{3}$，其中，没有平方根的有________。

答案是 π 和 $\frac{1}{3}$ 的占 84.0%。

2. 问题：试问 5 有几个平方根？5 有几个立方根？

前者答案为“1 个”或“0 个”的占 18.7 %；后者答案为“2 个”或“0 个”的占 18.6 %。

3. 问题：化简 $\sqrt{(3)^2}$ 得________。

答案为-3的占 43.3%。

4. 在化简或计算过程中“自编运算性质”，例如：

认为 $\sqrt[n]{nb}=\sqrt{b}$，而出现“$\sqrt[3]{6}=\sqrt{2}$”的占 12.4%；

认为$\sqrt{a}+\sqrt{b}=\sqrt{a+b}$，而出现“$\sqrt{2}+\sqrt{3}=\sqrt{5}$”的占 32.5%；

认为 $a+\sqrt{b}=a\sqrt{b}$，而出现“$5+\sqrt{2}=5\sqrt{2}$”的占 48.8%。

……

最后，李老师作了这样的小结：由上述发现可知，学生在学习开方概念及二次根式运算之时所发生的错误，可能是将以前学习过的数学知识作错误的类推，或缺乏学习方根所需的预备知识，教师应在教学前给予适当的复习整理，以避免学生因此发生错误。此外，学生在学习方根时，由于学习的新知识之间互相干扰，对于新的符号、新的概念，常容易错误理解，教师应在教学时做适当梳理。对于必要的公式要多做规范的板书，多加深正确的示范。最后，由于这部分知识十分抽象，教师在设计教学活动时应考虑学生的认知水平、学习动机，以提高学生的学习兴趣……

【案例剖析】姑且不论这位老师写作的出发点，单就这篇貌似数据翔实的教学论文本身而言，细加推敲，不难发现其纯属杜撰。在这篇论文中，一组组精确到 0.1%的数据，似乎显示了教师对教学研究的执著追求。然而，正是这些数据，让我们看到了真实的一面：该老师挑灯夜战所得的“成果”，其实根本就谈不上是什么研究成果，而是为了完成任务临时闭门造车而形成的“垃圾”。破绽究竟在哪儿？我们不妨先来思考这样一些问题：这位老师所教班级学生人数为多少？对某一道题，多少人出错时比例为18.7%？多少人出错时比例为18.6%？换句话说，文中这些看似精确的数据，很可能是胡编乱造。退一步，就算上面的数据差错是由于在转化为百分数时粗心造成，那么我们再来分析其中的一些数据：对于问题“给出如下4个数：π，0，-2，$\frac{1}{3}$，其中，没有平方根的有________。”得到答案为π和$\frac{1}{3}$的同学的比例真的会达到84.0%这么高吗？稍有一点初中数学教学经验的老师都知道，这不太可能。倘若果真如此，肯定不是学生的原因，而是由于教师在新课中讲解有误造成的。再如，在化简或计算过程中，学生由于“自编运算性质”而造成的文中所列的各种错误，竟分别达到12.4%、32.5%、48.8%。综合上面的分析，可以得出，这篇论文中的数据是虚构的，缺乏真实性，由此而得的结论自然缺乏说服力。

我们不禁要问，撰写这样的教学论文，对教师提高有效教学的技能究竟有多大帮助？教学研究，应该从课堂中来，到课堂中去。要知道，真研究才能提炼出真成果。作为一线教师，我们确实有必要深入研究怎样教可以更有效，但是，所有的研究都应该实事求是。只有立足于课堂和教学，为了解决教学问题进行反思和研究，所得到的研究成果才能真正地作用于课堂，服务于教学，使我们的教学变得更有效。

(二)放手学生参与才是硬道理

《课标(2011年版)》明确指出：“教学活动是师生积极参与、交往互动、共同发展的过程。有效的教学活动是学生学与教师教的统一，学生是学习的主体，教师是学习的组织者、引导者与合作者。”从中可以看出，有效教学，必须把教师的教落实到学生的学上去。课堂上，如果学生不积极参与，最后又怎谈得上学习效果的提升呢？所以，教师的所有教学行为，在最后都反映在学生的学习成果上。当然，学生的学习成果，并不只是看得见的解题能力，更多的是学习习惯与思维品质的发展与提升。

【案例10】在九年级第二学期的一节关于“二次函数的应用”的中考专题复习课上，教师出示了如下所示的一道例题：

如图1.6，在直角坐标系中有一直角三角形AOB，O为坐标原点，$OA=1$，$\tan\angle BAO=3$，将此三角形绕原点O逆时针旋转90°，得到$\triangle DOC$。抛物线$y=ax^2+bx+c$经过点A、B、C。

(1)求抛物线的解析式。

(2)若点P是第二象限内抛物线上的动点，其横坐

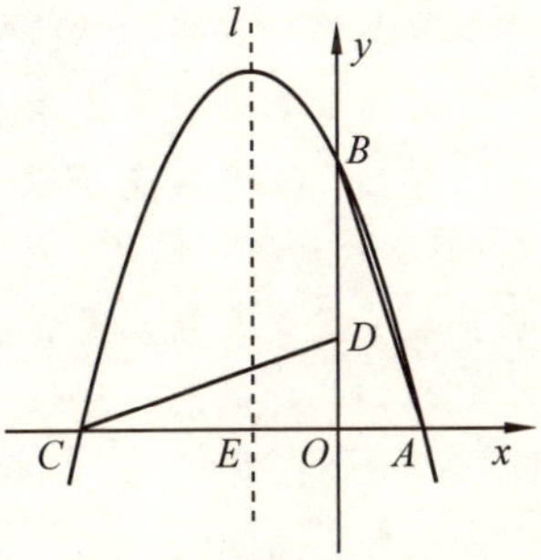

图1.6

标为 t。

①设抛物线对称轴 l 与 x 轴交于一点 E，连接 PE，交 CD 于 F，求出当$\triangle CEF$与$\triangle COD$ 相似时点 P 的坐标。

②是否存在一点 P，使$\triangle PCD$ 的面积最大？若存在，求出$\triangle PCD$ 面积的最大值；若不存在，请说明理由。

教师安排一定时间让学生审题之后，要求学生先独立解答第(1)小题，大约 3 分钟后，全班所有学生经过分析题意都得到了 $A(1, 0)$、$B(0, 3)$、$C(-3, 0)$，并利用待定系数法求得抛物线的解析式为 $y=-x^2-2x+3$。

对于同学们解答第(1)小题的完美表现，教师给予了充分肯定，并告知同学们这道题是某市的一道中考题，而且是最后一题，从第(1)小题的解答情况看，同学们表现非常突出。接下来，同学们不妨继续研究一下第(2)小题的第①问……

不一会儿，有学生脱口而出："点 P 的坐标为$(-1, 4)$。"

听到这一答案，马上有学生辩驳："不对！不对！应该有两解。"

见此情形，教师说："少安勿躁，再给大家几分钟时间思考并演算一下。"

……

当绝大多数学生完成解答的时候，老师让大家停笔，并现场统计了一下，超过 80%的学生得到了两解——当$\triangle CEF\backsim\triangle COD$ 时，P 点坐标为$(-1, 4)$；当$\triangle CEF\backsim\triangle CDO$ 时，P 点坐标为$(-2, 3)$。其余学生只得到其中的一种情形。最初回答"点 P 的坐标为$(-1, 4)$"的那名学生也得到了两解。于是，教师请那名学生站了起来，并问："后来你怎么想到两解的？"

该生答道："我原先审题不够仔细，一激动就只考虑了$\triangle CEF\backsim\triangle COD$ 这种情形。后来发现'$\triangle CEF$ 与$\triangle COD$ 相似'与'$\triangle CEF\backsim\triangle COD$'是有区别的，前者并未确定对应关系，所以需要分类讨论。"

教师说："不错，善于总结自己的不足，就能在今后学习中披荆斩棘。从第(2)小题的第①问看，同学们的解题能力很棒，超出了老师的预期。那么，大家有没有信心迎难而上，一起来攻克这道中考试题的最后一问呢？"

在教师的话语"刺激"下，全班学生信心十足地回答："有信心！"

几分钟后，教师请学生来说说自己的思路。

学生 1：既然点 P 是第二象限内抛物线上的动点，它的横坐标为 t，那么$\triangle PCD$ 的面积一定是 t 的函数。虽然我还没细算，但我估计这是个二次函数，二次项系数一定是负数，最后可通过配方求得其最大值。

教师：你的想法很好。顺此思路，其他同学知道怎样求这个函数关系式吗？

学生 2：老师，我能到黑板上来添辅助线吗？

教师：当然。

学生2跑上前去，添加辅助线如图1.7所示，并接着叙述：如图，过点P作$PQ\parallel y$轴交CD于点Q，则$\triangle PCD$被分割成$\triangle PCQ$与$\triangle PDQ$两部分，若把PQ看作这两个三角形的共同的底，然后作出相应的高，可发现这两条高之和恰好等于OC长，这样就能求出$\triangle PCD$的面积了。

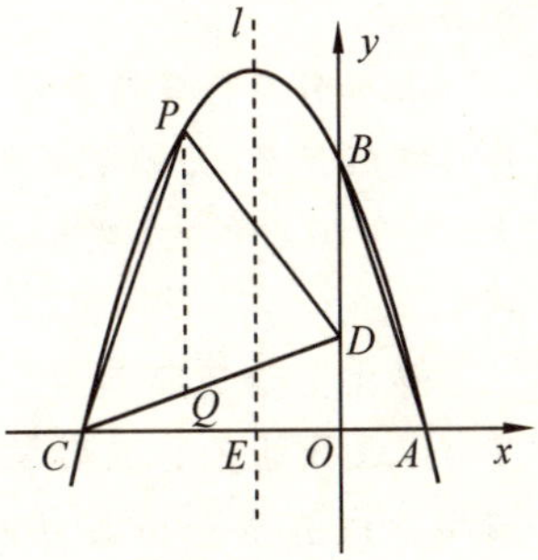

图1.7

教师：问题看似解决了，不过还有一个小疑问，PQ长如何表示呢？不知其他学生能否帮助解决？

学生3：因为点P的横坐标为t，且点P在抛物线上，而抛物线的解析式为$y=-x^2-2x+3$，所以点P的纵坐标为$-t^2-2t+3$，只要把点P的纵坐标减去点Q的纵坐标就可得到PQ长了。

教师：可以看出，这道题难不倒你了。现在我请一名这节课到现在为止还一直没发言的学生来回答一个问题——点Q的纵坐标如何表示？

学生4正在下面动笔计算着什么，被点名后，站起来后立即回答：老师，这个简单。根据C、D两点的坐标可求出直线CD的解析式。由于$PQ\parallel y$轴，所以点Q的横坐标与点P的横坐标相同，也为t，这样就能表示出点Q的纵坐标了。

教师：回答得很好！在平面直角坐标系中，我们要掌握平行于坐标轴的线段的表示方法。其方法正如刚才几位同学所述。

学生5：老师，我还有其他方法。

说完，就跑上前去修改辅助线如图1.8所示。台下也有好几名学生表示也是想到了这种方法。

……

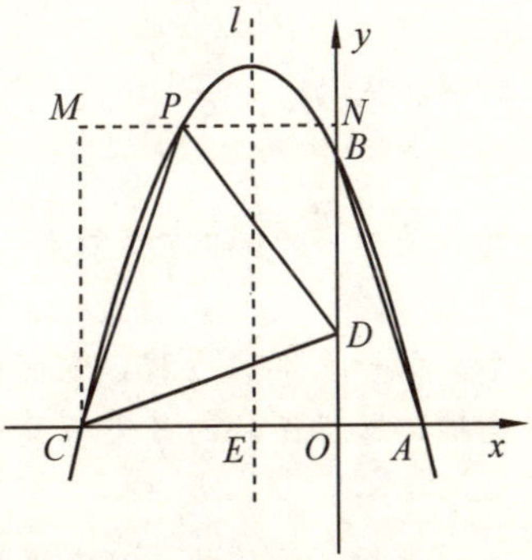

图1.8

在学生5讲完解题思路后，学生4站了起来：老师，前面我没发言，是因为我在思考一个问题。

教师：说来听听。

学生4：我在想：既然要我们求$\triangle PCD$的面积的最大值，考虑到C、D两点是定点，只有P为动点，若把CD作为底，则只要CD边上的高最大就可以了。刚开始我在猜想点P为抛物线的顶点，可是验算下来跟前面几位所说的方法算到的结果不一致。

教师：其他人怎么看？能找到其中的原因吗？

学生6：如果过点P作$PH\perp CD$于H，不能保证点P为抛物线顶点时，PH最大，所以此时$\triangle PCD$的面积也就无法保证是最大值了。

教师：那么有没有办法求出PH的最大值呢？大家不妨在草稿纸上画画图，想想办法。

几分钟后，学生7站了起来，回答道：老师，过点P作直线$l' \parallel CD$交抛物线于另一点F，要使高PH最大，……（在学生7发言的同时，教师在黑板上画出了图1.9。）

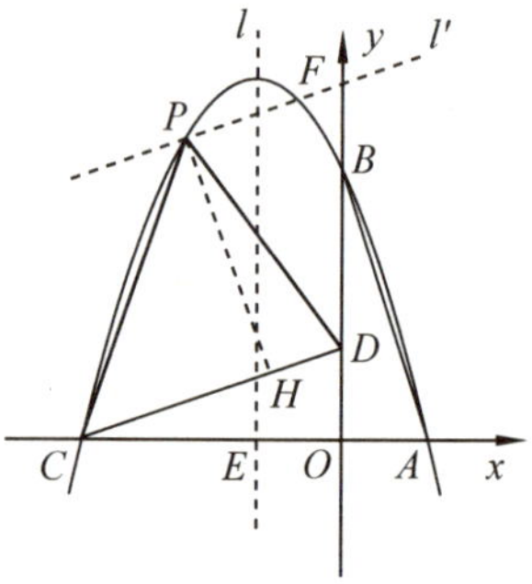

图 1.9

学生7话还没说完，学生4抢着说：老师，我懂了。从图上看出，只要将PF继续往上平移，当直线l与抛物线有唯一公共点时，也就是P、F重合时，高PH就最大了。显然这个唯一公共点不会是抛物线的顶点，因为过抛物线顶点且与抛物线有唯一公共点的直线一定是与x轴平行的。

教师：你现在懂了吧？你是不是该对同学表示点什么呢？

学生4不好意思地对学生7说：谢谢啊，你的提示帮我解答了疑惑，我还抢了你的回答。

学生7：没关系。

（教师让学生7接着发表观点。）

学生7：直线CD的解析式为$y=\frac{1}{3}x+1$，由于直线$l' \parallel CD$，所以可设直线l'的解析式为$y=\frac{1}{3}x+m$，若P、F两点重合，即直线l'与抛物线有唯一公共点，此时，关于x、y的方程组$\begin{cases} y=\frac{1}{3}x+m, \\ y=-x^2-2x+3, \end{cases}$有两组相同的实数解，消去$y$转化为关于$x$的一元二次方程，它的根的判别式一定等于0，从而可求出m，并求出点P的坐标，这样面积的最大值就好求了。

……

教师：具体计算可在课后完成。看到刚才同学们的表现，老师非常开心，因为你们乐于参与课堂探究，这就是今后取得好成绩的决定因素。

得到了教师的嘉许，同学们脸上也都一个个地露出了自信的笑容。

【案例剖析】看得出，案例中这位教师，是一名智慧型的教师。首先，教师善于放手让学生体验成功。其次，教师善于鼓励学生享受成功。最后，教师善于引导学生获得成功。一道例题，先让学生独立审题解答第(1)小题，尽管题目本身并不算难，但教师毫不吝啬表扬，毕竟全班学生都掌握了待定系数法求抛物线的解析式。对于第(2)小题的第①问，让学生在思维碰撞之后，80%以上的学生获得了完整的答案，而其余学生也得到了部分答案。假如没有课堂上“偶发”的脱口而出的抢答与辩驳，那么此题的解答准确率肯定不会达到80%以上。但是，教师并不因此而打击学生的信心，反而顺势地发表几句富有煽动性的话语“刺激”全班学生深度参与了第(2)小题的第②问的探究之中……从实际结果看，非常有效。通过对问题的解答，相信学生提升的不仅是解题能力，更多的还是学习的信心。

教师怎样教可以更有效？案例中的这位老师已经给出了答案：放手让学生参与才是硬道理。有效课堂，并不在于课堂上到底讲了多少道题目，而在于学生究竟得到了多大的发展。只有放手让学生参与，学生的思维才会真正被激活。

第五节　教学是为学生谋取发展

《课标(2011年版)》指出：“数学课程应致力于实现义务教育阶段的培养目标，要面向全体学生，适应学生个性发展的需要，使得：人人都能获得良好的数学教育，不同的人在数学上得到不同的发展。”同时，还指出，根据课程目标，广大教师“设计教学方案、进行课堂教学活动时，应当经常考虑如下问题：如何引导学生积极参与教学过程？如何组织学生探索，鼓励学生创新？如何引导学生感受数学的价值？如何使他们愿意学，喜欢学，对数学感兴趣？如何让学生体验成功的喜悦，从而增强自信心？如何引导学生善于与同伴合作交流，既能理解、尊重他人的意见，又能独立思考、大胆质疑？如何让学生做自己能做的事，并对自己做的事情负责？如何帮助学生锻炼克服困难的意志？如何培养学生良好的学习习惯？”体悟这些要求，我们不难看出，教师的教学不应该仅仅着眼于一堂课的得失，而应该放眼全局，为学生的终身发展谋取长效利益。

为学生谋取长效利益，并非一句空洞的口号，而是有着实实在在的抓手的教学价值观。在追求为学生谋取长效利益的过程中，一方面，需要教师全面理解“细节决定成败”这一信念，加强学术修为的修炼，以便更好地为学生的终身发展奠基；另一方面，需要教师树立“战略先于战术”这一理念，提高对有效教学的认识与理解，以便全面提升课堂教学的有效程度。

(一)细节决定成败，教师的学术修为将会直接影响学生的终身发展

在科技高速发展的今天，生活节奏明显加快，很多人已无法静下心来品味细节。然而，教师，作为人类知识的传承者，必须关注细节。在我们的课堂上，许多看似无关紧要的教学细节，其实对学生的发展却有着不可低估的作用。因此，从某种意义上讲，课堂教学，细节决定成败。

【案例11】在“一元二次方程”的新授课上，在教师直接给出一元二次方程的定义之后，突然，一名学生发问：“请问方程$(x+2)(x-3)=x(x-2)$是不是一元二次方程？”老师胸有成竹地说：“若把方程的两边展开，可以发现两边的x^2项刚好约去，因此这是一个一元一次方程，并非一元二次方程。”

【案例剖析】首先，分析教师的言语，不难发现，其中有一处科学性错误：方程两边的 x^2 项能说“约去”吗？事实上，这位教师把数学术语“抵消”与“约去”相混淆了。在上面的问题中，对方程所作的变形是把右边含有 x 的项移到左边(移项要变号)，然后合并同类项，x^2 与 $-x^2$ 恰好抵消，而“约去”则应用于“分子、分母同时约去一个公因数或公因式”，所以说，这里不能表述成“约去”。其次，在课堂教学中，当学生有疑求助之时，教师迫不及待地给予帮助解答。试问，这样处理合适吗？其实，“助生自助”才应是教师处理这类问题的基本策略。在这节课上，当学生提出问题时，教师不妨引导学生先将此方程化为一般形式，然后对照概念，让学生自我判断该方程究竟是一元二次方程还是一元一次方程。此外，也可引导班内其他学生互助解答疑惑。总之，学生通过努力能解决的问题，教师最好不要越俎代庖。

作为一名站在讲台上的成熟型数学教师，数学术语使用规范理应成为一项最基本的要求。所以，为了学生的健康成长，教师不妨从细节做起，苦练基本功。同时，作为课堂的组织者、引导者与合作者的教师，何时介入课堂，也大有讲究。课堂上，对一些细节处理的微小差异，也许会影响学生的一生。回顾每节课的每一分钟，也许，您的不经意的一处失误会影响学生的一生；也许，学生对某道数学题的思路是完全正确的，而您却因所站位置离学生距离较远未曾听见其独到见解；也许，学生因为灵感的闪现需要表白却被您判定为违反课堂纪律；也许，您的一次宽容能唤起学生对您的感恩；也许，您的一句鼓励能改变一名学生的一生……

课堂就是由若干细节构成的，老师们，让我们一起关注细节，反思细节，改善细节，努力让课堂变得更精彩！相信，日复一日、年复一年的改变，一定能促使我们在专业修养方面破茧成蝶。

(二)战略先于战术，教师的认识高度会全面影响课堂的有效程度

【案例 12】为深入研究课堂教学的有效性，某区组织了一次“同课异构”活动，甲、乙两位教师执教了九年级第二学期的一节关于“操作类问题”的中考专题复习课。在这两位教师的课堂上，均选用了如下所示的一道题作为本节课的例题：

操作：如图 1.10，已知正方形 $ABCD$ 与 $CEFG$ 的边长分别为 a、$b(a>b)$，连接 DE、AF。固定正方形 $ABCD$，将正方形 $CEFG$ 绕顶点 C 逆时针旋转角度 $\alpha(0°<\alpha<180°)$。

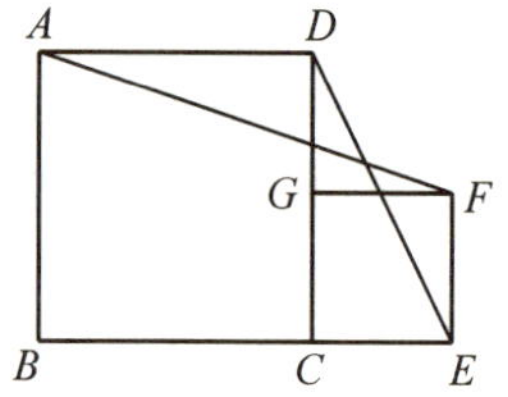

图 1.10

探究：在图形的旋转变换中，我们发现，DE、AF 的长度也随旋转而发生着变化。为探究 AF 与 DE 之间的函数关系，设 $DE=x$，$AF=y$。

(1)若 $a=4$ cm，$b=2$ cm，则在旋转过程中，函数值 y 的取值范围为________；

(2)试探究 y 与 x 之间的函数关系式。

在教师甲所执教的课堂上，除了上述例题之外，还安排了一道练习题。其中，例题用时30分钟，由师生共同探究完成；练习题用时15分钟，先由学生独立完成，再组织小组交流。下面所描述的就是教师甲的课堂上的部分教学片段。

在教师让学生自主审题环节中，有的学生一边读题一边裁剪了两个正方形，并按题目要求进行了相关操作；有的学生则在草稿纸上画出了正方形 $ABCD$，然后又裁剪了一个小正方形，最后固定草稿纸，用所裁剪的小正方形进行旋转操作；有的学生则在图1.10的基础上画出了旋转过程中的若干情形；还有的学生则用手指对着图1.10比画着，直接写出了第(1)小题的答案……

在接下来的课堂教学中，围绕两小题出现了学生"争论"的场景。

关于第(1)小题，"争论"如下：

学生1：我得到了答案 $2\sqrt{2}\leqslant y\leqslant 2\sqrt{10}$。

学生2：不对！

学生1：不可能不对，我剪纸操作并计算了，在起点与终点位置时，y 取得最大值，为 $2\sqrt{10}$，而当旋转角度 $\alpha=90°$ 时，则取得最小值为 $2\sqrt{2}$。所以，$2\sqrt{2}\leqslant y\leqslant 2\sqrt{10}$。

学生2：你忽略了题目的条件 $0°<\alpha<180°$，本题正确结果应该为 $2\sqrt{2}<y<2\sqrt{10}$。

学生3：你们说得都不全面，考虑到 $0°<\alpha<180°$，所以题中 y 的最大值取不到，但是最小值却是能取到的，所以本题答案应该为 $2\sqrt{2}\leqslant y<2\sqrt{10}$。

教师：同学们，你们现在认可哪种观点啊？

包括学生1、2在内的全体学生都表示同意学生3的观点。

教师：通过本小题的解答，从中能得到哪些启示呢？

学生4：操作类问题，当我们无法理解题意之时，不妨动动手，画画图，真正地去操作一下，这样问题就变得清晰多了，我刚才就是这么做的，并且顺利地算出了第(1)小题的正确答案。

学生5：我觉得操作类问题应认真分析操作的所有步骤。

学生6：我认为这类问题一定要考虑全过程，不能只考虑局部。

学生7：我认为涉及取值范围的题目应特别留心等号能否取得。

教师：各位说得都很好。现场考考你们：若将条件"$0°<\alpha<180°$"改为"$0°<\alpha\leqslant 360°$"，第(1)小题结果又如何？

……

关于第(2)小题，留给学生足够的用于分析问题的时间之后，学生8阐述了自己的思路：由于题中并未明确指出 y 是 x 的某种特殊的函数，如一次函数、反比例函数、二次函数等，故本题应在几何图形中寻找 y 与 x 之间存在的一般关系。我想到了若能找到一对相似三角形，而AF、DE恰好是这一对三角形的边，那么根据相似三角形对应边成比例就能得到相应的函数关系式了。在这种想法下，我通过尝试找到了方法，如图1.11，分别连接AC、CF，易证$\triangle ACF\backsim\triangle DCE$，由此可得$\frac{AF}{DE}=\frac{AC}{DC}=\sqrt{2}$，即$\frac{y}{x}=\sqrt{2}$，$y=\sqrt{2}x$。

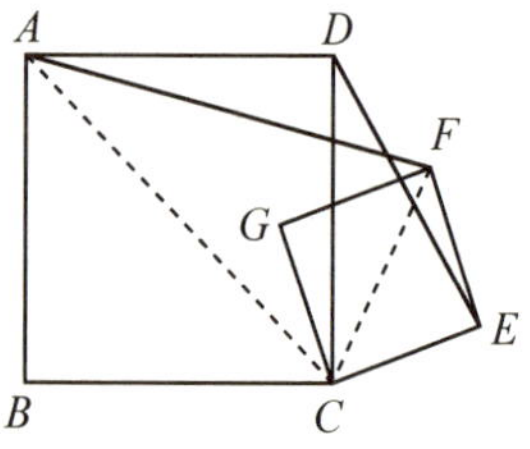

图 1.11

随后，课堂上又出现了“争论”：

学生9：你的解题方法是正确的，不过这样解答是不够完整的，你只考虑了旋转角度α为锐角的情形，还需考虑α为钝角的情形……

学生8：不需要的。在刚才大家讨论第(1)小题的时候，我就想到了第(2)小题也要分类讨论，不过，解答是一样的。

学生9：不是的。粗看解答一样，但是还是需要分类讨论的，画出α为钝角的相应图形之后，就可发现推理中关于那对三角形的对应角在证明其相等时是有区别的，不信你试试看。

学生8(想了想)：确实如此，谢谢提醒，我明白了。

教师：其他同学还有补充吗?

学生10：你们都忽略了一个科学性问题——分类必须做到不重复、不遗漏……

学生11：我知道你要说什么，是不是还要考虑α为直角的情形啊?

学生10：是的。

学生11：你多虑了，这道题是不用考虑$\alpha=90°$的情形的，因为$\alpha=90°$时，刚才所说的那对相似三角形根本就不存在。

教师：你们刚才的对话很精彩，现在问题的焦点集中到要不要考虑$\alpha=90°$的情形。

学生12：是啊，老师，要不要考虑呢?

教师：你认为呢?

学生12：我觉得尽管此时$\triangle ACF$与$\triangle DCE$并不存在，但是还是要考虑这种情形的，因为$90°$也是在$0°\sim180°$之间的，若不考虑就遗漏了一种情形。可是我不知道具体怎么求。

学生13：我想到办法了，画出图形，如图1.12所示，此时不必找相似三角形，可以直接证明线段AF是DE的$\sqrt{2}$倍……

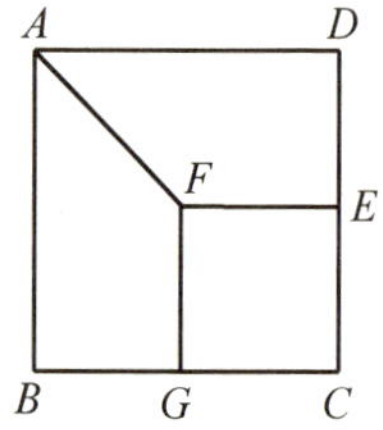

图 1.12

此时，其他学生纷纷点头表示赞同。

教师：你们分析问题的能力超出了老师的想象，太厉害了！真棒！接下来，就请你们独立解决一道练习题。

……

在教师乙所执教的课堂上，除了上述例题之外，还安排了5道例题，共计6道例题，不过，略显遗憾的是教学设计中预设的两道练习题没来得及完成。

同样是45分钟的课堂，教师乙的课堂上为什么容量明显比教师甲的课堂大多了呢？我们不妨来从刚才这道例题的问题探究中来一窥究竟：在呈现题目之后，在讲解第(1)小题时，教师利用课件动画把正方形$CEFG$绕顶点C逆时针旋转的过程重复演示了几遍，看着动画中的图形，问题(1)迎刃而解。随后，在讲解第(2)小题时，教师点击鼠标，课件中的线段AF、DE显示了另一种醒目的颜色，接着，再次点击鼠标，生动的动画再次使得问题变得清晰。最后，在教师的指引下，学生“找到了”那对相似三角形……一道例题，从出示题目到完成解答，用时不到10分钟。

【案例剖析】案例中两堂课，虽是同一课题，但这两位教师所执教的课堂，却呈现了不同的风格。教师甲的课堂上，一共安排了一道例题，然后布置了一道练习题由学生独立完成。而教师乙的课堂上，一共完成了六道例题。这两节课，究竟哪节课更有效？如果我们简单地从所谓的效率上看，显然教师乙更胜一筹。但是，如果我们深入剖析两节课，也许就会得到不同的答案。

在教师甲的课堂上，可以看出，学生的主体地位得到了充分的体现。自主审题，动手操作，画图，验算，对话，质疑，甚至是“争论”，无不彰显了学生的能力与智慧。在这节课上，教师似乎退出了讲台，只是在学生的对话中偶尔插上几句。然而，正是教师的让出讲台，给了学生充分表现的舞台和机会，促成了学生的全面发展。如此理解，还会觉得这节课低效吗？

在教师乙的课堂上，借助多媒体课件的动画演示，表面上“突破”了教学重点、“凸显”了难点，使得课堂层面上的容量大增，但是，这样的“教”是否真的有效呢？我们不妨从以下几个方面去分析。

首先，大容量的教学设计理念，势必使得学生没有足够的审题时间。一方面，许多教师经常抱怨学生不肯好好审题。另一方面，课堂教学中教师惜时如金，从不舍得留出足够的时间让学生审题。要知道，舍得舍得，没有“舍”，何谈“得”？长此以往，学生的审题习惯又如何培养呢？于是，当学生独立解题时，一旦看到阅读量比较长、面目比较新的题目，第一反应就是失去了解题的信心——相信自己肯定连题目也看不懂，在这种心理状态之下，还能按部就班地审题吗？在不能很好地审题的情况之下，正确解题又何从谈起呢？

其次，在九年级第二学期的中考复习课上，在学生尚未自主审题之时，教师就利用动画演示帮助学生弄清题意，这样做看似高效，但真的有效吗？好的工具，只有运用恰当，才能发挥其最大功效。现代教育技术，何时介入课堂？如何融入课堂？怎样将现代教育技术与传统的教学手段有机地结合在一起？怎样才能充分利用现代教育技术提高课堂教学的效益？值得我们每一位数学老师认真思考。在教师乙的课堂上，教师看似好心地利用动画帮助学生理解题意，其实是好心办坏事：在这样“好心帮助下”，学生得不到锻炼，久而久之，分析问题的能力必将丧失殆尽。显然，这不是教师的初衷。

最后，课堂教学的目的是什么？难道就是为了多讲几道题吗？答案显然是否定的。数学课，当然离不开解题。但是，数学课，绝不仅仅只是为了解题。满堂灌最多只能教会学生简单的模仿，终究难以促成学生的能力发展。所以，教师在设计课堂容量时，还得回归本源，去思索一下本节课的教学目标到底是什么。

分析至此，关于案例中的两节课，孰优孰劣？答案自明。

有言道，“真味只是淡，至人只是常。”其意为：美酒佳肴并不算真正的美味，真正的美味只在那粗茶淡饭之中；才智卓绝超凡绝俗的人还不算人世间真正的伟人完人，其实真正的伟人往往看起来是平凡无奇的人。同样的，对于课堂，也是如此。片面的追求容量并不一定能带来课堂的有效，真正的有效课堂需要教师用智慧去理解：战略先于战术，为了学生的长效利益，教师唯有切实提高对有效教学的认识与理解，方能全面提升课堂教学的有效程度。

第二章
学习目标是教学设计的核心

第一节　学习目标明确才会设计有效

数学课堂教学是一种有计划、有目的的活动，在开展课堂教学之前精心设计课堂是毋庸置疑的。数学教学设计是一个系统设计并实现学习目标的过程，有效的教学设计可以使学生在单位时间内掌握更多的知识和技能，积累更多的数学经验，获得更全面的发展。然而在现实中，数学教学设计却并未得到足够的重视，一些课堂的低效也常根源于教学设计的低效。

【案例1】申老师在一所省级示范初中从事数学教学工作已超过十年，获得过区、市级青年教师优质课比赛的一等奖，在数学教学专业期刊上发表过多篇教学论文，工作勤奋踏实，很受学生的喜欢。但申老师近来对自己的工作越来越不满意，他的苦恼是——自己工作已超过十年，可似乎还没有找到"成功教师"的感觉。每天都认真备课，课堂上自己讲解得很清晰，也很注重根据学生的情况及时调整教学进程，可是设置的教学内容大多数情况下完成不了，课后学生的作业错误率居高不下，有时不得不利用学生的自修课时间进行一些集体讲评。即便如此，学生间的差距似乎每节课上都在增加，考试时"该错的与不该错的"都会出错。申老师认为自己真的是在忙碌中迷惘，在倦怠中坚守。

【案例剖析】申老师的苦恼实际上是对自己课堂教学效益偏低的一种检讨，这种苦恼是普遍存在的，从某种角度来说这也是一线教师每天不得不面对的工作困境。我们可以从影响一节课质量高低因素的角度来做些分析。原因有很多，教师个人的能力水平(解读教学内容的能力、驾驭课堂的能力等)，工作状态(对教学的投入、课堂表现的情绪等)，学生的整体状况(学生的学业基础、教学班的学风等)，教师对该节课的准备，等等。从申老师以及他所面对的教学对象来看，前三项应该不是主要原因。申老师苦恼的表现之一是"设置的教学内容大多数情况下完成不了"，因此"不得不利用学生的自修课时间进行一些集体讲评"，从这个角度来看，教学设计(教师的课前准备)应该是问题的根源。

从有效教学的视域来看，进行数学教学设计时要考虑哪些因素？如何处理这些因素之间的关系？教学设计是一种有目的的任务分析，即假定有一个任务要完成

(目标)，如何才知道做好了(评价)，我们该怎么做才能完成这个任务(活动)，因此，目标、评价、活动是影响教学设计的主要因素。基于实践，我们认为有效的教学设计应该是首先明确学习目标，然后确定实施学习目标的评价方式，最后设想实现目标的教学活动。这一过程可以用图 2.1 中的流程图表示。

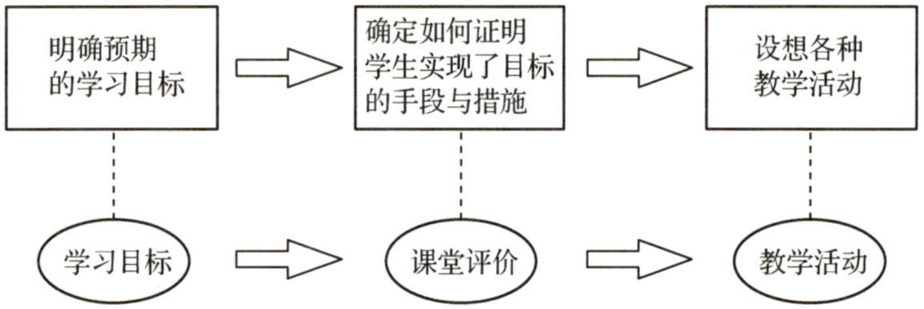

图 2.1

本章将在这三者及其关系的阐释中探讨如何进行有效的数学教学设计。

第二节　学习目标设计的依据是什么

教学设计的核心是为实现一定的学习目标，教师综合考虑各种资源和影响因素，在做出各种决定的过程中形成教学方案。因此，以"学习目标"为核心设计教学是有效课堂的前提。然而，即便我们已经清晰地意识到这一点，也很容易在实际工作中迷失"学习目标"。因为我们设计教学时首先关心的常是"将给学生一些什么"，即更多关注的是教学内容。即使将学习目标放在教案的最前面，教学过程中也极少会关注学习目标的指导作用，学习目标往往只是教案中的一个"摆设"。

【案例 2】下面是一次市级优质课比赛中两位选手关于"矩形的性质"的设计片段。

教师甲的教学设计片段：

教师：矩形的对角线相等是真命题吗？请同学们思考如何证明？如图 2.1，已知 AC、BD 是矩形 $ABCD$ 的对角线，求证：$AC=BD$。

学生 1(板演)：在矩形 $ABCD$ 中，$AB=CD$，$\angle ABC=\angle DCB=90°$，又 $\because BC=CB$，$\therefore \mathrm{Rt}\triangle ABC\cong \mathrm{Rt}\triangle DCB$，$\therefore AC=BD$。

学生 2：$\because \angle ABC=\angle DCB=90°$，$OA=OC$，$OB=OD$，$\therefore OB=\frac{1}{2}AC$，$OD=\frac{1}{2}AC$，$\therefore OB+OD=AC$，即 $AC=BD$。

学生 3：根据勾股定理，得 $AC^2=AB^2+BC^2$，$BD^2=CD^2+BC^2$，$\therefore BD^2=AC^2$，$\therefore AC=BD$。

教师：很好！同学们从全等、直角三角形斜边性质以及勾股定理等不同角度出发，运用不同方法证明了“矩形对角线相等”。

教师乙的教学设计片段：

问题1：图2.2中有几组相等的线段？

学生1：四组，$AB=CD$，$AD=BC$，$AC=BD$，$OA=OB=OC=OD$。

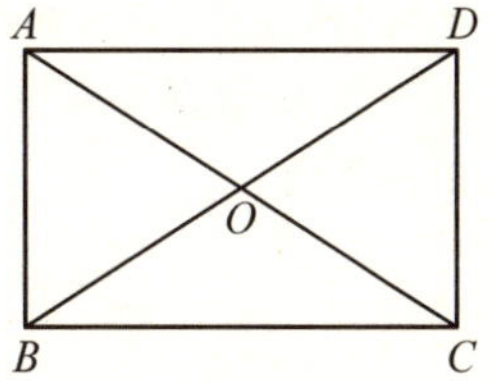

图 2.2

教师：你能告诉我为什么 $OA=OB=OC=OD$ 吗？

学生2：矩形的对角线相等且互相平分。

问题2：图2.2中有几个等腰三角形？

学生3：四个，$\triangle AOB$，$\triangle COD$，$\triangle AOD$，$\triangle COB$。

教师：这四个等腰三角形的面积大小关系如何？与原矩形面积的关系又如何？

学生4：这四个等腰三角形的面积都等于原矩形面积的 $\frac{1}{4}$。

问题3：图2.2中有几个直角三角形？

学生5：四个，$\mathrm{Rt}\triangle ABC$，$\mathrm{Rt}\triangle BCD$，$\mathrm{Rt}\triangle CDA$，$\mathrm{Rt}\triangle ABD$。

问题4：图2.2中有几组全等三角形？

学生6：$\triangle AOB\cong\triangle COD$，$\triangle AOD\cong\triangle BOC$，$\triangle ABC\cong\triangle DCB\cong\triangle CDA\cong\triangle BAD$。

问题5：图2.2中有等边三角形吗？

学生7：没有。

教师：请你添加一个条件使得 $\triangle AOB$ 为等边三角形。

学生8：添加 $\angle AOB=60°$。

学生9：添加 $\angle ACB=30°$，这样也可以转化成 $\angle AOB=60°$。

学生10：添加 $\angle AOD=120°$，这样也可以转化成 $\angle AOB=60°$。

学生11：添加 $AB=OB$。

学生12：添加 $BD=2AB$。

教师：同学们表现得真棒！在这个探究过程中我们充分利用了矩形的性质——矩形的对角线互相平分且相等。

（具体课堂实践中，教师甲在这一环节大约用了17分钟，教师乙大约为9分钟，课后的作业反馈中发现教师甲课堂中学生对本节内容的掌握情况相比教师乙有较大差距。）

【案例剖析】教师甲本环节的教学设计表面上是通过一题多解的方式探索“矩形对角线相等”的证明，课堂实践也显示教学过程流畅，学生参与比较积极。为什么课后的作业反馈显示课堂效果并不理想？根本原因在于课堂教学的目标定位。

教师确定学习目标的依据是课程标准，然而课程标准所提供的是上位目标，这一层面的目标与课堂上具体、可操作、能观察的目标之间还有相当大的距离，正因为这一距离所产生的过大的弹性空间，使课堂教学的学习目标在不同的课堂上显示出了不同的理解和迥异的现实表现。下面通过“矩形性质的学习目标”的产生过程说明基于课程标准设定学习目标的一般步骤。

1. 对照课程标准中关于教学内容的实际表述。比如《课标(2011 年版)》对于“矩形”的描述是“掌握矩形的概念，探索并掌握矩形的性质”。

2. 分解课程标准。从课程标准出发，结合教科书，将“矩形”的相关教学内容整理如下表：

相关知识	学习水平
矩形概念的发现	了解水平(经历)
矩形性质的发现	掌握水平(体验)
矩形性质的应用	应用水平(探索)

3. 确定学习目标。据此可以确定“矩形”的教学目标如下：(1)经历矩形的概念的发现过程；(2)体验矩形性质的发现过程；(3)探索矩形性质的实际应用。

据此，我们就可以清晰地发现，一方面，案例 2 中教师甲的教学定位停留在掌握水平(矩形性质的发现)，这明显降低了学生的学习目标(实则应该投入时间和精力帮助学生达到应用水平)；另一方面，教师对“矩形对角线相等”的多种方法的证明对于学生的要求又明显加强，似乎是在拔高学习目标。学习目标“错位”式的降低和“越位”式的拔高导致学生课后作业达不到理想结果。而教师乙的教学设计明显基于课程标准的学习目标，重点突出(重在矩形性质的应用)，不偏不倚(所拟变式练习紧扣矩形的性质)，其课堂的高效益自然就在情理之中了。

传统教学设计中的学习目标的设定往往始于具体的教学内容，这些教学内容通常来自于教科书和教师自己所解的习题，教师也多是“凭感觉”(自己对学生、教科书、习题乃至数学的主观理解)来设定目标。而有效教学视域的学习目标来源于对课程标准的解读，转化自数学课程标准。这两种思路的学习目标的产生可以用图 2.3 和图 2.4 中的流程图显示。

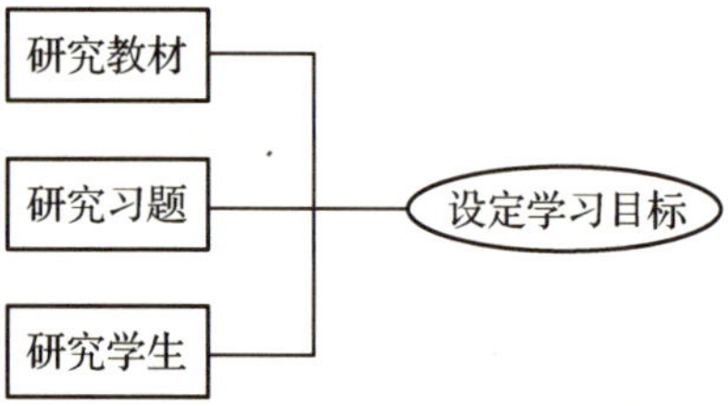

图 2.3 传统目标设定流程图

《课标(2011 年版)》除介绍了课程基本理念外，重点阐述了课程目标和课程内容。通过查找课标、分解课标、确定目标这三个步骤，可以将课程标准所规定的内容分解为具体的课时学习目标。然而，要将一些课程标准未及具体描述的内容转化

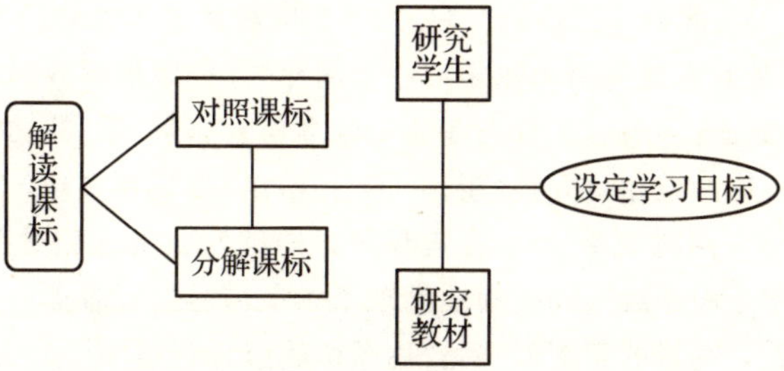

图 2.4 基于课程标准的目标设定流程图

为学习目标，就需要教师在领悟课程标准“基本理念”和“课程目标”的基础上设定具体的学习目标，这样的目标应该指向学生的具体变化和发展，应该是可测的。

【案例 3】年轻的胡老师在学校的自选课题公开课活动中上了一节“二元一次方程组的图像解法”，下面是课堂教学的一个片段。

在获得利用图像解方程组的相关概念和思想后，教师出示习题：用作图像的方法解方程组$\begin{cases}3x-y=2,\\x+y=2。\end{cases}$

学生仿照教师的解题过程在平面直角坐标系中画函数 $y=3x-2$ 和 $y=-x+2$ 的图像并寻找交点。

突然，一位学生提出问题：如果在直角坐标系中作出的两个一次函数的图像有误差，比如得到交点坐标是(0.9，1.1)，那么$\begin{cases}x=0.9,\\y=1.1\end{cases}$是这个方程组的解吗?

教师(停顿一下)：$\begin{cases}x=0.9,\\y=1.1\end{cases}$不是这个方程组的解，但是可以看做是这个方程组的近似解。

学生：方程组还有近似解? 那如果作出的两个一次函数的交点是(1.5，2)，那么$\begin{cases}x=1.5,\\y=2\end{cases}$也是这个方程组的近似解吗?

教师：假如近似解在近似范围内的话，可以看成是近似解。

学生：老师，近似解范围怎么确定啊?

(学生们议论纷纷，也有的学生似乎嫌发问的学生“多事”，并带着获得解题心得秘诀的口气说：你每次先把方程组解出来然后再画图不就行了吗?)

教师无言以对，被晾在了讲台上……

课后的研讨中，胡老师提出了自己的困惑：“在备课中我也预料到学生会有这样的疑问，但教科书是这样设置的，也只能这样处理，对学生的疑问避而不谈总归不好吧。”观课的老师也大多表示出了同样的想法。

【案例剖析】问题的根源在哪里？“二元一次方程组的图像解法”是江苏科学技术出版社出版的《义务教育教科书·数学》(以下简称“苏科版课标教科书”)七年级下册较传统教科书新增的一节内容，旨在借助平面直角坐标系“形”的功能解决“数”的问题，让学生感受一次函数相对方程(组)、不等式(组)的统领作用，体现了代数、几何内容混编的优势，同时螺旋上升地展开知识能够网状的通络数学知识的内部联系。教学片段中学生的连续发问准确地呈现了本节内容的疑难点。从教科书所设计的例题和习题来看，编者的意图似乎是“用图像法解方程组”并求“方程组的准确解”(或者是刻意避开出现非整数解的方程组)，然而，“形缺数时难入微”，图像法更适合的是求方程组的近似解(它在各类实验以及数据拟合中有较广泛的应用)。《课标(实验稿)》中的要求是“能根据一次函数的图像求二元一次方程组的近似解”，显然教科书的编写并没有反映课程标准的要求(《课标(2011年版)》已将这一要求修改为“体会一次函数与二元一次方程的关系”)，教师“教教材”从而“挂黑板”也就情有可原了。更可怕的是——无论是课堂上还是作业中，学生几乎没有用“图像法”去求方程组的解的，都是画出相应的两个一次函数的图像，根据求得的解再标出两直线交点的坐标——教师所教授的内容不仅“徒有虚名”，还让学生体会到了“只要贯彻老师的意图就行了，数学是可以造假的”。看来问题的根源不在于“教什么”“怎么教”，而在于教师没有弄清楚“为什么教”。

基于课程标准我们该如何设定本节课的学习目标呢？这要从本节内容的目标立意谈起。进一步分析课程标准我们会发现，利用“图像法”求方程组的解，重要的不是解的本身，而是求解的思路以及求解过程中所渗透的思想方法，包括解的精确度以及如何获得方程组的解等，这些对于学生来说都是有价值的数学。基于以上分析，我们可以提出以下教学设想：设想一，用“图像法”解方程组，当判断两直线交点的坐标是否是方程组的解时，可以引导学生对所得未知数的值进行检验，如果不适合方程组，在分析原因后，不断调整作图的精确度，在寻找方程组解的过程中，引导学生借助“逼近”的思想获得近似解，促进学生对方程组的解与两直线交点坐标的关系的理解，并发展学生的估算能力。设想二，削弱“图像法”的求解过程和功能，突出“图像法”求解的直观性，体现数形结合的思想。

课程目标、学习内容和教学方法是课堂教学中的三个核心要素，通俗说来就是“为什么教”“教什么”和“怎么教”，相比较而言，“教什么”和“怎么教”直接通向教学效率，也更能体现教学效率的高低，在追求“有效教学”的今天，一线教师将更多的时间和精力投入素材的积累和方法的选择上似乎并不为过。然而“为什么教”始终是课堂教学的方向和灵魂，是课程内容价值取向的具体体现，没有对“为什么教”的终极思考，就如同现实生活中我们总是朦胧地认为自己的当下选择是最正确的，但回望来路却常是蜿蜒崎岖的。从这个角度来说，领悟课程标准所阐述的课程目标是开展教学工作前要做足的一项必修功课。

基于课程标准设定教学目标旨在让我们从过多地关注教学内容中解脱出来，更多地思考“为什么选择这些内容，如此安排教学顺序的依据是什么”。因此，基于课程标准设定学习目标不是“标准化的教学”，而是在达到基本学习要求的基础上，促进学生的自主发展，提高教学的有效性。教师有必要积极地研究和探索教学过程中落实数学课程标准的方法和策略，将数学课程标准的理念和目标通过具体的学习目标转化为教学事实。

第三节 用教学评价衡量教学活动设计

教学活动与教学评价是在一个完整教育活动中交互作用的连续过程。教学评价与教学活动之间并不存在必然的谁先谁后的关系，并非由于教学评价是对教学效果的检查和评判，就一定要将教学评价置于教学活动之后；抑或为了评价而教，就一定要将教学评价置于教学活动之前。有效教学视域的以“学习目标”的达成为核心的数学教学设计突出“先于教学活动设计教学评价”有两个方面的原因，一是传统的教学设计虽然也考虑课堂评价任务，但这种评价多是放置在课后甚至是相隔较长时间之后，与课堂教学活动的一致性较低甚至是相互割裂；二是评价设计优先于教学活动设计就是要求教师带着问题思考教学活动，增加教学活动的针对性，使得预期学习结果、学习成绩、教学与学习行为之间实现有机关联与对接。

【案例 4】下面是某校数学学科开展合作学习的一份课堂评价方案。

(1)回答问题：举手回答问题，答对该同学得 3 分，答错但由组内其他同学补答答对，补答同学得 2 分；若由其他组同学补答答对，补答同学得 2 分；依次类推。

(2)课堂板演：课堂板演正确，该同学可得 3 分；板演出现错误若由组内其他同学纠正，纠正同学得 2 分；若由其他组同学纠正，纠正同学得 2 分；依次类推。

(3)回答问题、课堂板演同一节课上一组始终由同一名同学完成，每次从获奖分数中减去 1 分。

(4)课堂纪律：出现瞌睡、做与学习无关的事情、扰乱课堂纪律、不听教师安排等违纪现象每人次扣该同学 2～3 分，上课期间由任课教师评价并由记分同学记录，自修课(包括夜自修)期间由记分同学评价并记录。

小组之间相互记分，即由每组的 C 同学记录另一小组 4 人的得分情况，比如第 2 组记录第 1 组，第 3 组记录第 2 组，……，第 1 组记录第 13 组，依次类推。

期中考试后该校面向全体学生(初一、初二、初三共约 2900 人)进行了一次问卷调查，下面显示的是问卷的内容及调查结果。

问卷内容	问卷结果(占比)				
	A	B	C	D	E
1. 对同伴合作学习的方式(A. 喜欢；B. 较喜欢；C. 不喜欢)	0.688	0.287	0.025		
2. 老师们使用的评价方式(A. 合理；B. 较合理；C. 不合理)	0.755	0.229	0.016		
3. 同伴合作学习方式使你的成绩(A. 提高了；B. 没变化；C. 下降了)	0.635	0.335	0.030		
4. 喜欢你的合作小组吗(A. 喜欢；B. 较喜欢；C. 不喜欢)	0.583	0.380	0.037		
5. 愿意和其他组员合作吗(A. 非常愿意；B. 比较愿意；C. 不愿意)	0.705	0.277	0.018		
6. 与同伴合作前相比你感觉你的表达能力(A. 提高了；B. 没什么变化；C. 不如以前了)	0.702	0.281	0.017		
7. 与同伴合作前相比，你感觉你的自信心(A. 增强了；B. 没什么变化；C. 减弱了)	0.663	0.311	0.026		
8. 与同伴合作前相比，你感觉你与他人的交流能力(A. 提高了；B. 没什么变化；C. 不如以前了)	0.687	0.293	0.020		
9. 与同伴合作前相比，你感觉你自己管理自己的能力(A. 提高了；B. 没什么变化；C. 降低了)	0.690	0.283	0.027		
10. 以后你还愿意继续参与同伴合作学习吗(A. 非常愿意；B. 比较愿意；C. 不愿意)	0.726	0.252	0.022		
11. 你认为同伴合作学习方式在哪些方面对你有所帮助(多选)(A. 对知识技能的掌握；B. 增进了与同学的友谊；C. 团队意识有所增强；D. 更加有责任心了；E. 没有什么帮助)	0.678	0.806	0.828	0.678	0.031

【案例剖析】问卷中发现学生对“同伴学习”各个维度的满意度为98%左右，非常满意度为58%～75%，在非常满意度中评价最高的项是“教师所用的评价方式”。这个较大样本普查的结果令人振奋。显然，以上的评价方式只是对传统的以听讲为完全主导的课堂评价方式进行了简单得很不成熟的改革，却获得了学生如此大的认同，受宠若惊之余我们必须检讨以往的以考试结果为主要甚至是唯一方式的教学

评价。

传统的学习评价是在某一完整教学阶段结束后进行的，其目的是检查学生的学习效果，由于教学已经进行了较长一段时间，教师已经无法进行教学调整。事实上，评价的过程是与教学并行的同等重要的过程，评价不只是学习后的一次测验，而是与教学一起进行的持续的过程。课堂学习评价更多的体现应该是在教学过程中，教师通过观察、测量学生完成任务的情况，及时诊断学生的不足，给予学生反馈，帮助学生达成学习目标。

评价是教学过程的一个有机组成部分，评价始终是与教学联系在一起的。走进课堂，观察教师的教学行为就可以发现，教师随时都是在进行着评价——例如对学生的提问与解答，请学生板演并有针对性地讲解等——尽管很多时候这是一种无意识的行为。

基于学习目标达成的评价设计时需要关注下面的几个问题：

（一）以数学课程标准中的课程目标为评价的逻辑起点，促进学生深度学习

数学课程目标承载的是数学教学活动最终达成的结果。它既是教师教学的依据，也是教师判断教学效果和学生学习效果的基本准则。对数学教师而言，数学教学就是依据数学课程标准所规定的课程目标分析学情和教科书，对学生原有认知基础进行评估判断，最终做出实现教学目标的合理决策。事实上，评价与教学是紧密联系的，将二者建立起联系的桥梁正是课程目标。因此，课堂教学评价的逻辑起点应该是国家课程标准的课程目标。

《课标(2011 年版)》从结果目标和过程目标两个维度阐明了数学课程目标。结果目标使用“了解、理解、掌握、运用”等术语表述，过程目标使用“经历、体验、探索”等术语表述。在设计与学习目标相一致的教学评价时，要注意评价与教学目标类别之间的关系，并考虑采取何种评价方式才能与学习目标相对应。

比如案例 2 中的“矩形的性质”一节的学习目标及其评价方式可通过下表清晰地表达出来。

学习目标	目标水平	评价方式
经历矩形的概念的发现过程	体验水平	学生回答
体验矩形性质的发现过程	理解水平	学生回答、教师解答
探索矩形性质的实际应用	应用水平	课堂习题、师生对话

课堂上的评价不可能一味地停留在“很好！”“你真棒！”等激励性的语言层面，这样的评价只能让学生的思维停留在浅层。数学是思维的科学，初中生的数学课堂参

与主要是思维的参与，因此课堂上教师需要基于学习目标设计科学的评价方案，通过具体的问题引导学生深入思考，理解数学的本质。

【案例5】苏科版课标教科书七年级下册第七章“认识三角形(2)”的课堂学习目标及评价方案。

学习目标：根据课程标准，依据教科书内容和学生情况，确定本课时的学习目标如下：

1. 通过问题情境和动手实验，了解三角形中有三种特殊线段——角平分线、中线和高；

2. 能正确画出任意三角形的角平分线、中线和高，并利用所画的三线发现任意三角形中三线的条数分别为多少；

3. 经历观察、推理等活动，进一步发展空间想象能力和有条理的数学表达能力。

评价方案：根据教学目标和内容，以及学生情况，设计以下的评价方案。

1. 针对目标1设计的评价方案为：(1)在问题情境(橡皮筋的一端固定在$\triangle ABC$的顶点A上，另一端从点B出发沿点B移动到点C)中，学生自己说出哪些线段和角发生了变化，线段AD有哪些特殊情况值得研究。(学生观察并口答，教师板书。)

(2)学生在教师引导下发现线段AD有三种特殊位置值得研究，并且这三种位置实际上是角或线段之间存在等量的关系而形成的特殊位置。(学生思考并口答。)

2. 针对目标2设计的评价方案为：(1)用折纸的办法折出三角形的三条特殊线段。(学生在课前准备好的三角形纸片上实际操作独立思考，然后小组讨论，全班展示。)

(2)任意三角形的中线有几条？这些中线之间有什么关系？(学生在学案上分别为锐角、直角、钝角的三角形上画出三角形的高并观察思考，小组讨论，全班展示。)

(3)任意三角形的高有几条？这些高之间有什么关系？(学生在学案上分别为锐角、直角、钝角的三角形上画出中线并观察思考，然后口答。)

(4)任意三角形的角平分线有几条？这些角平分线之间有什么关系？

3. 针对目标3设计的评价方案为：设计评价样题，引导学生深度学习。(1)如图2.5，已知BM是$\triangle ABC$的中线，$AB=5$ cm，$BC=3$ cm，$\triangle ABM$与$\triangle BCM$周长差为多少？$\triangle ABM$与$\triangle BCM$的面积有什么关系？(学生口答，教师板书。)

(2)如图2.6，在$\triangle ABC$中，E是AC的中点，$\angle A$的平分线分别交BE、BC于点F、D，指出图中哪条线段是哪个三角形的角平分线，哪条线段是哪个三角形的中线。(学生独立思考，小组讨论，全班展示。)

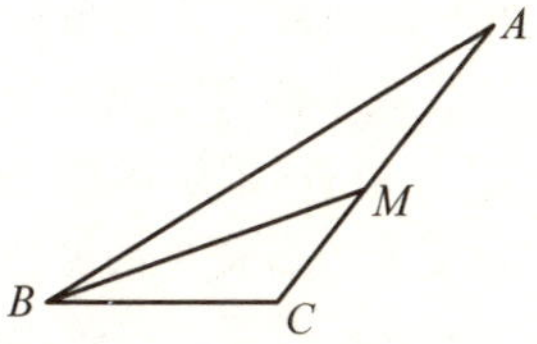

图 2.5

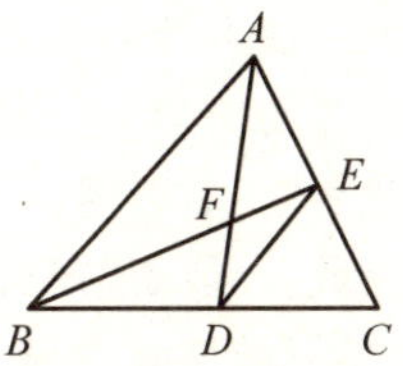

图 2.6

【案例剖析】学习目标体现着教师的美好愿望，但是学生究竟是否到达了“目的地”以及到达“目的地”的程度如何，则是教师在进行教学设计时必须关注的。以上依据学习目标设计的评价方案不止于简单的口头评价，既关注了学生参与教学活动的过程性评价，同时也关注了结果性评价；评价方式有口述口答、动手操作、独立思考、讨论展示、口述板演、师生互评、生生互评，等等，是典型的深度学习。

数学深度学习实质上是提升数学思维品质的学习，因此数学课堂教学评价就必须是对数学思维活动过程的评价。数学课堂教学中的评价设计需要考虑通过师生、生生之间的交流互动了解学生对学习内容理解的深刻程度；通过学生的课堂表现来判断学生对学习内容的掌握情况；通过目标评价样题检测学生利用数学知识与技能进行逻辑思维与推理论证的现状。如此，通过评价反馈的信息，教师便可以及时调整自己的教学，学生也可以及时进行自我纠正与完善，课堂教学评价也就会成为学生主动探究、深度学习的加油站。

(二)诊断性评价、形成性评价和终结性评价相结合

诊断性评价是在数学教学开始之前或进行之中对学生的学习准备情况或优点或困难进行的评价，其主要目的是明晰学生的数学基础，能力发展情况发现存在的问题并剖析原因。诊断性评价的实施时间一般在学期、学年开始或章节课程初始教学的阶段。形成性评价是在数学教学过程中为完善教学活动对学生数学知识与技能、数学思想方法、情感与态度等学习结果和教师教学效果进行的评价。其作用主要是引导学习活动的方向，强化学习效果，及时发现问题并提供解决策略。终结性评价是在某一相对完整的教学阶段结束后对整个教学目标实现程度做出的评价，它以预先设定的学习目标为基准，考查学生达成目标的程度，一般在学期或学年结束后进行。以“目标达成”为核心的课堂教学评价需要将诊断性评价、形成性评价和终结性评价有机整合起来，形成一个完整的评价过程，以关注学生在数学学习全过程中的发展变化。

以“一次函数”教学为例，其教学内容目标是：(1)结合具体情境体会一次函数的意义，能根据已知条件确定一次函数的表达式；(2)会利用待定系数法确定一次函数的表达式；(3)能画出一次函数的图像，根据一次函数的图像和表达式 $y=kx+b(k\neq0)$ 探索并理解 $k>0$ 和 $k<0$ 时，图像的变化情况；(4)理解正比例函数；(5)体

会一次函数与二元一次方程的关系；(6)能用一次函数解决简单实际问题。在教学开始之前，教师首先要对学生已有的知识技能、数学能力以及兴趣态度进行诊断性评价，比如学生是否“了解常量、变量的意义”，是否“了解函数的概念”，能否“用三种表示法表示函数”，能否“在实际问题中确定函数自变量的取值范围，并会求出函数值”，对函数学习的信心如何，存在哪些困难，等等。同时，教师还应对学生是否已经知道了“一次函数”的概念做出判断。然后，教师要在学生学习过程中以观察、提问、测验等方式对学习进程进行评价，实时监控教学目标的达成度，及时发现学生在学习过程中存在的问题，不断调整教学活动。比如学生是否确切地知道“什么是一次函数”，能否说出一次函数的特点或判断某个函数是一次函数，是否会用待定系数法确定一次函数的表达式，还存在哪些问题等。最后，教师要在一个教学阶段结束时对学生达到预期教学目标的程度进行终结性评价，比如学生对一次函数概念的理解是否准确，对数形结合思想方法的认识是否恰当，对一次函数解决简单实际问题的运用是否合理等。

(三)依据学习目标设计形成性评价题

评价方式一直以来都存在较大的争议，近年来学界对于表现性的评价多有提倡与研究，对使用检测题对学生进行评价的缺陷也多有批评，但是依据学习目标设置形成性评价题却始终是课堂评价最重要的方式。形成性评价题设计的基本原则是要能够直接评价学习目标中反映的学习结果，然而现实中，评价题与学习目标不一致的现象屡见不鲜(比如案例 2 中的教师甲的课堂评价与学习目标、课堂实施之间就存在这样的现象)。我们以华东师范大学出版社出版的《义务教育教科书·数学》(以下简称“华东师大版课标教科书”)九年级下册第二十八章“圆的基本性质的复习”中的形成性评价题为例说明设计形成性评价题的一些基本策略。

【案例 6】“圆的基本性质的复习”形成性评价题：

(1)判断下列命题是否正确：①等圆周角对等弧(　　)；②平分弦的直径垂直于这条弦(　　)；③90 度的圆周角所对的弦是直径(　　)。

(2)如图 2.7，在平面直角坐标系中，已知一圆弧过正方形网格的格点 A、B、C，其中点 A 的坐标为(－3，5)，则该圆弧所在圆的圆心坐标为________。

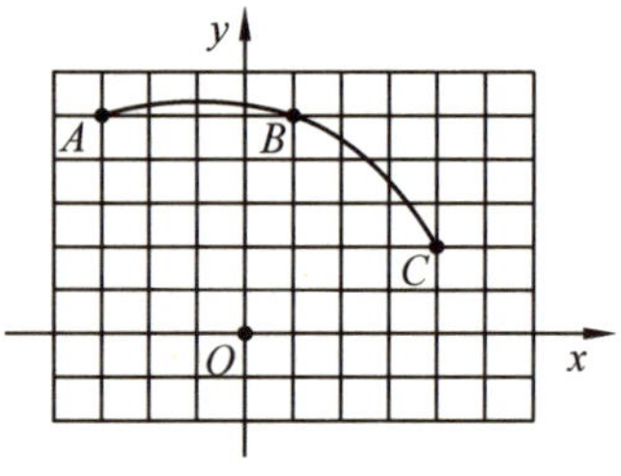

图 2.7

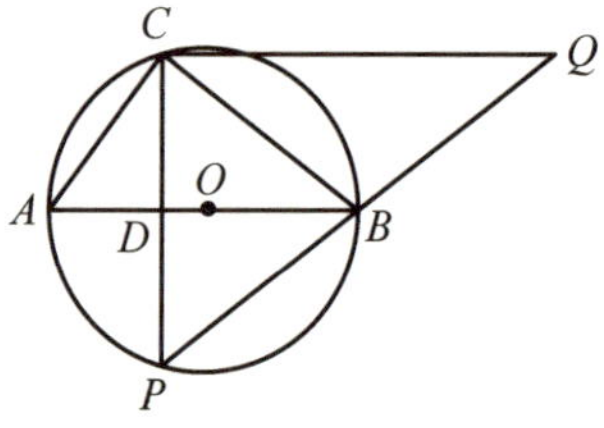

图 2.8

(3)如图 2.8 所示，在半径为 2.5 的⊙O 中，直径 AB 的异侧有定点 C 和动点 P。已知 $BC=4$，点 P 与点 C 关于 AB 对称，过点 C 作 CP 的垂线，与 PB 的延长线交于点 Q，求 CQ 的长。你还能据此提出哪些不同的问题？

【案例剖析】上述的形成性评价题以“学习目标”为设计指向，三道练习题梯度明显、考查目标能级明确，所设置的判断题(选择题)可以考查学生对基本性质的理解；填空题(作图题)考查学生掌握圆的基本性质的情况，应用于新的问题情境又能反映学生的迁移能力；解答题考查学生的综合运用能力，“你还能据此提出哪些不同的问题”则显示了学生较高水平的学习能力。

因为是非判断题的评价效度相对较低，所以初中阶段的各类考试中基本都没有是非判断题，但是课堂教学中的形成性评价题可以依据学习目标设置适量的判断题。这些判断题一般只包含一个概念，避免两个以上的概念在同一题中出现，而造成题目“似是而非”或者“半对半错”；尽量采用正面肯定的叙述，避免反面或者双重否定的语句。数学填空题最大的优点在于可以避免学生通过选择项猜测得到正确答案的可能性，填空题的题干要表述清晰、明确，如果语句叙述不严谨，就会出现多样化的答案，给答题结果的评价带来困难。除了是非、选择、填空等客观性评价题外，形成性评价题还可以是解答题，这一类解答题一般而言是针对本节内容中的重难点而设置的，具有一定的综合性和解答方式的定向性。

课堂上使用的形成性评价题还可以改编自课程标准或教科书。比如下面的一道既有选择、填空也有主观解答性质的评价题就是改编自苏科版课标教科书七年级下册中的数学活动“拼图公式”。评价样题：如图 2.9，正方形卡片 A 类、B 类和长方形卡片 C 类各若干张。(1)若用三种卡片拼一个长为$(a+2b)$、宽为$(a+b)$的长方形，需要 B 类卡片的张数是________；(2)利用这些卡片，能否拼一个面积为$(2a^2+4ab)$的长方形？若能，请画出示意图；若不能，请说明理由；(3)若有 A 类卡片 1 张，B 类卡片 4 张，C 类卡片 5 张，从中选取 9 张卡片，可以拼成几种长方形(或正方形)，请分别指出它们的长和宽。

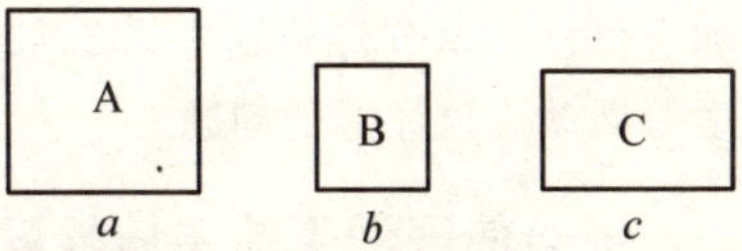

图 2.9

该题源自苏科版课标教科书七年级下册《从面积到乘法公式》的核心内容，考查了学生对公式和面积的关系及整式的乘法和因式分解等内容的理解程度，也考查了学生利用数形结合、分类讨论等数学思想方法解决问题的能力。

形成性评价题的价值在于：一是以教学目标的达成程度衡量课堂教学的效果，可以促使教师瞄准课堂教学目标，做到有的放矢；二是监控学生的学习效果并促进学生课堂学习的投入程度；三是反馈学生课堂掌握情况，为后续教学把握学情。但是，形成性评价题好比是课堂上学生学习的外在目标(在检测中获得好成绩)和强化物，而这种强化学习并不是最有效的教学方式，因为“学习”完全可以在无明显的强化中产生，其结果往往在一定时间后通过作业才能显示出来。事实上，这样的现象在日常的教育中还是比较常见的，一名学生既定时间内似乎没有完全理解的知识在中间没有强化的情况下，过段时间后理解却加深了。一部分当堂接受情况不好的学生(他的学习与“行为潜能”也已产生，只是尚不能外显)，如果延时评判，还有可以自我咀嚼、反思的机会，在课后作业中可以加以弥补；而当堂进行的形成性评价无疑是“当头棒喝”，否认了他们的“学习”，打消了学习信心和积极性，这是无法弥补的。因此，进行形成性评价时一定要注意将即时性评价与延时评价相互结合，尽可能选择导致学生学习动机加强的方式而极力避免导致学生学习动机减弱的评价方式。

学习评价的主要目的是全面了解学生数学学习的过程和结果，激励学生学习和改进教师教学。为提高课堂教学效益，以“学习目标”的达成为核心，设计数学课堂的出发点应该是通过评价激发学生的学习动机从而促进学生学习。评价时既要关注学生学习的结果，也要重视学习的过程；既要关注学生数学学习的水平，也要重视学生在数学活动中所表现出来的情感与态度，帮助学生认识自我、建立信心。

第四节　什么样的学习活动是适宜的

明确了学习目标并有相应的评价任务跟进后，就要考虑如何设计学习活动，以落实评价任务，使学生表现出学习目标所期望的学习行为。《课标(2011年版)》在教学建议中提出“数学教学应从学生实际出发，创设有助于学生自主学习的问题情境，引导学生通过实践、思考、探索、交流等，促使学生主动地、富有个性地学习”。从中可以看出，数学课程标准强调了数学学习活动应该关注学习的主体性、情境性和合作性。本节将从数学学习活动的主体性、情境性和合作性的角度谈谈创设数学学习活动应该注意的问题。

(一)体现学生的主体性就是要设计适合学生的学习活动

【案例7】“三角形中位线定理”的四种不同课堂引入的学习活动设计。

设计1：

教师：同学们，M、N分别是$\triangle ABC$边AB、AC的中点，线段MN就叫做$\triangle ABC$的中位线(如图2.10)。今天，我们来学习一个平面几何中非常重要的定理——三角形中位线定理，其内容是：三角形的中位线平行于第三边且等于第三边的一半。下面，我们一起来看看，该如何证明？方法一，方法二……请同学们做课后练习。

设计 2：

教师：同学们，请拿出纸和笔及作图工具，请按下列要求操作：(1)画$\triangle ABC$；(2)取AB、AC的中点M、N，连接M、N。用刻度尺测量线段BC、MN的长度，你发现了什么结论？请给出证明。

设计 3：

教师：为了测量一个池塘的宽BC，在池塘一侧的平地上选一点A，再分别找出线段AC、AB的中点D、E(如图 2.11)，现量得$DE=20$，你能知道池塘CB的宽度吗？请说明理由。

设计 4：

教师：(用多媒体课件演示)画如图 2.12 的任意四边形$ABCD$，E、F、G、H分别为各边的中点，顺次连接各中点，得到四边形$EFGH$(如图 2.12)，不断运动A点，请猜想四边形$EFGH$是什么四边形，并证明你的猜想。

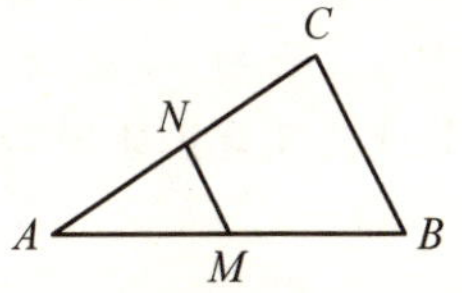

图 2.10

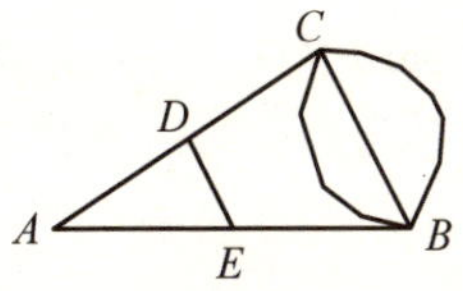

图 2.11

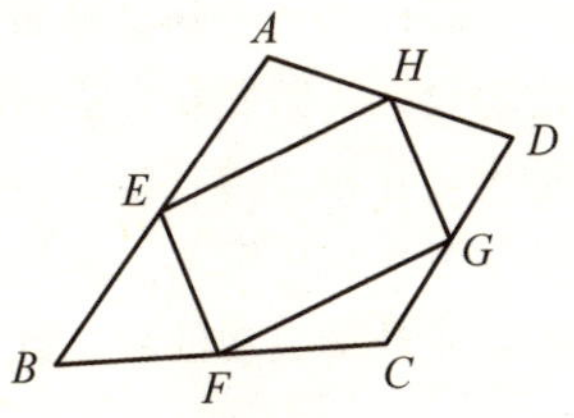

图 2.12

【案例剖析】下面我们从学生主体性体现的角度分析以上四个设计。设计 1 是典型的接受性学习，只强调“感知—理解—巩固—应用”的单一模式，只重知识的传递，忽视了知、情、意、行的相互关联与相互渗透，只能使学生处于机械训练、被动参与之中。教师的基本观念是：“请跟我走，保证没错。”教师以知识的权威出现——“我告诉你三角形中位线定理内容，然后我再证明给你看看”。在这样的课堂上，“双边活动”变成了“单边活动”，教代替了学，学生是被教会，而不是自己学会，更不用说会学了。

设计 2 所体现的是在实践中“做”数学，体现的是活动化的数学观，它重视学生的参与，让学生在做的过程中，体验什么是三角形中位线，并通过测量、推测三角形中位线定理。这个设计能针对学生的身心特点，从学生已有的知识经验出发，经历操作、猜想、验证的学习过程，调动学生学习的积极性，帮助学生形成探究问题的一般习惯及方法。这样的教学，更有利于学生主动地掌握知识和形成能力。

设计 3 属于“情境教学”，是新课程标准所提倡的“问题情境—建立模型—解释、应用与拓展”的教学模式中的第一环。以学生熟悉、感兴趣的问题情境，引入学习主题，巧妙地把学生的数学认知活动和情感活动结合起来，起到了设疑激趣的作用。这样教学，一方面提高了学生动手实践能力、归纳能力和自学能力，形成良好的个性思维品质和数学学习习惯；另一方面，学生也将亲身的体验，自然内化而稳固地纳入知识系统，从而使知识成为鲜活、灵动的知识。

设计 4 体现的是“探究性教学”观，它改变了学生单纯地接受教师所传授的知识为主的学习方式，创设了一种类似科学研究的情境，以一个似乎摸不着头脑的问题的呈现，促使学生进行必要而认真的猜测与探索。因此，设计 4 较前三个设计的思维层次要高。如果说设计 2、设计 3 有探究的影子，但探究空间相对狭小，学生的真正探究活动并不多，只是朝着老师预设好的方向去发现“新知识”，那么设计 4 则是通过提供适当的课堂任务，并借助现代教育技术，营造了一种新的文化氛围来提高课堂教学质量。

体现学生的主体性就是要设计适合学生的学习活动。在当前课程改革日益深入的今天，设计 1 是我们不提倡的；对于数学思维发展水平较高的学生，采用设计 4 的观点无疑是最佳选择；对于数学思维发展水平相对较低的学生，采用设计 2、3 的观点，同样也会收到良好的教学效果。处在不同思维发展水平的学生需要有不同学习活动设计，因此我们必须清醒地看到，每一种教学设计都有其缺陷和不足，应综合运用，互相渗透，整合各种方法的优点。面对具体的学生，必须“寻找”到最贴近学生学习生活实际的、最能启迪学生心智的活动设计，如此才能真正体现学生的主体性，才是最成功的教学设计。

（二）数学活动所设计的情境应该是学生理性思维的生长点

【案例 8】一次教研活动中，一位数学教师介绍了“有理数运算法则”这节课的情境创设。教师为了让学生自己得到运算法则，要求几位学生轮流走到讲台前向所有学生进行“走路”的示范：第一位学生向东走 3 步，再向东走 4 步；第二位学生向东走 3 步，再向西走 4 步；第三位学生向西走 3 步，再向东走 4 步；第四位学生向西走 3 步，再向西走 4 步。然后教师提问：终点离讲台多远？由此得到的有理数加法的法则是什么？

【案例剖析】初看到这个情境的设计，学生似乎投入到了学习活动之中，课堂气氛也热热闹闹。但认真剖析，不禁会产生疑问，4 次行走得到的结果，一定要学生在数学课堂上实际模拟吗？这样的活动对于初一学生而言是不是太简单了？我们不难发现，初一的学生一般已经具有了“向东走”“向西走”的感性认识，此时，教师只要通过语言叙述，就能唤起学生的日常生活经验，引发他们丰富的想象力，他们会得出 4 种走路情况结果的。而“走路”的实际情境模拟，实在是降低了学生的认知水平。况且，在数学课上，过多的形体动作（如走路）会分散学生的注意力，掩盖学生对于数学现象的深层次思考，这是时下将问题情境创设形式化、绝对化的最大弊端。

事实上，这种“去数学化”的数学活动情境的设计在新一轮课程改革推进过程中屡见不鲜。怎样的教学设计才能在真正意义上体现数学活动的情境性呢？

【案例 9】“三角形内角和等于 180°”的活动设计

如图 2.13，当 $\triangle ABC$ 愈来愈“扁”时，$\angle A\to180°$，$\angle B\to0°$，$\angle C\to0°$，符合 $\angle A+\angle B+\angle C=180°$；

如图 2.14，当点 A 越来越远离 BC 时，$\angle A\to0°$，$\angle B\to90°$，$\angle C\to90°$，仍符合 $\angle A+\angle B+\angle C=180°$；

如图 2.15，$AP\parallel BC$，$\angle B$ 不变，$\angle C\to0°$，$\angle BAC$ 趋向于 $\angle BAP$，因此 $\triangle ABC$ 的内角和趋向于 $\angle B+\angle BAP$，即 180°。

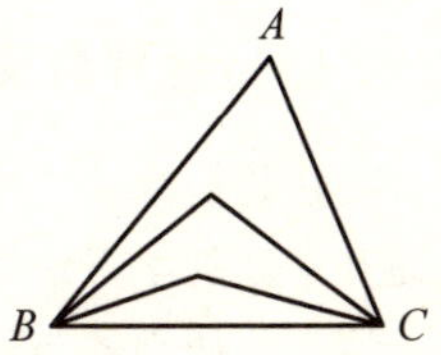

图 2.13

事实上，在这样的活动中，学生不仅可以感悟到三角形内角和不变的必然性，而且还能获得三角形的内角和等于 180°的证明思路。如图 2.15，由于 $AP\parallel BC$，所以，$\angle C=\angle CAP$，$\angle BAC+\angle B+\angle C=\angle BAC+\angle B+\angle CAP=\angle B+\angle BAP=180°$。

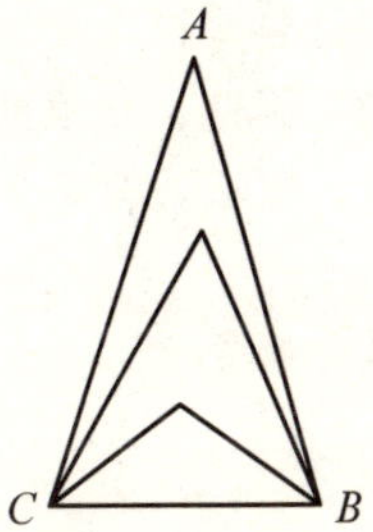

图 2.14

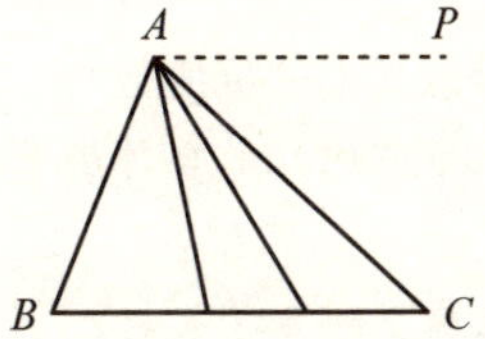

图 2.15

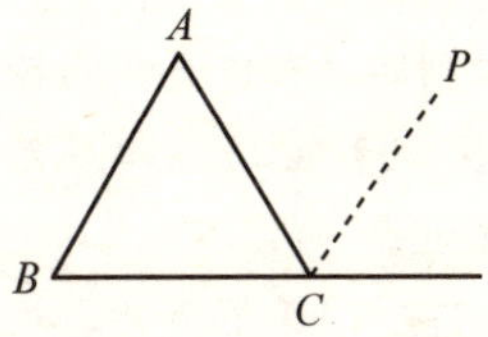

图 2.16

【案例剖析】小学生是通过测量活动来确认三角形的内角和等于 180°的。对于初中学生，可以首先通过多样化的数学活动验证这一结论的正确性，从而在心灵的震撼中认识到“不论什么形状和大小的三角形，它们的内角和都等于 180°”；当然，也可以在回忆小学阶段将三角形的三个角剪下拼在一起成一个平角的过程中，采用逐步拆除“脚手架”的方法，如问：能否只剪下一个角？能否不剪任何角？自然获得如图 2.16 中的辅助线。在已知“三角形的内角和等于 180°”的前提下，就可以不用动手操作的方法，直接推出“三角形的外角等于与它不相邻的两个内角和”了。甚至可以安排下面的认知活动：说明为什么可以用同样形状和大小的三角形铺满平面。这个问题的“证明”让学生感受到在寻常生活的背后，隐含着不易察觉的规律，从而体验理性思维的精髓。

数学活动所设计的情境应该是学生理性思维的生长点。提倡在数学活动中把握数学学科的理性特点，与新课程重视实验、观察、归纳、猜想等合情推理并不相悖。根据皮亚杰的发生认识论，12～15 周岁的初中生，在思维上已越过“前运演”

“具体运演”阶段，而进入“形式运演”阶段，他们可以不依赖具体客体处理假设，并能对抽象的材料进行简单的逻辑运演。当然，这时的初中学生，形式运演和理性思维能力发展还很不成熟，很多时候还需借助动手操作来积累思维活动经验，以便更好地内化为理性思维。由于理性思维的最终目标是认识客观现象的数学本质，其越接近数学的本质，抽象度就越高，对问题的理解也更趋简约。认识到这一点，对于学习活动的处理将有实在的借鉴意义。

（三）寻找真实的基于具体实践的合作学习活动

让我们继续关注案例 4 的调查结果。在非常满意度中最低的是“同伴合作学习提升了你的学习成绩”，这说明学生更加看重“同伴学习”所带来的团队意识、同学友谊、责任心等非智力因素的增进，也说明合作学习在课堂教学的具体实施落后于合作学习的管理与评价。

事实上，对近些年全国范围内合作学习开展比较好的学校的优秀经验进行总结，我们会发现，合作学习更多体现的是一种互帮互助，以及提升学生学习自信基础上的学习方式的转变。从这个角度来看，合作学习的本意是要建设一种课堂文化以体现教育公平，弘扬团队合作精神，形成友爱互助的美德。因此，归根到底，合作学习是一种人生态度、生活方式的教育，是一种德育教育。那么，合作学习对于数学课堂到底具有什么样的教与学意义上的价值呢？

【案例 10】“配方法解一元二次方程(1)”的合作场景及课堂观察

合作场景一：

(目标导入)课堂伊始，教师呈现下列自学素材：

解下列方程：(1)$(x+2)^2=3$；(2)$x^2+4x=-1$。解完以上两个方程后，请思考：这两个方程之间有什么关系？在解方程(2)的过程中你有什么新的发现？

3 分钟后学生就相关问题展开讨论。

课堂观察：

1. 某小组学生甲不会解方程(2)，于是用计算器计算，发现所得结果和方程(1)的相同，在讨论的开始他便迫不及待地说出自己的发现，同组的一位同学觉得奇怪，另一位同学认为“跟我计算的结果一样”，第三位同学说“本来它们就是同一个方程”……

2. 另一小组的讨论中，学生乙解方程(2)的过程是：

$$x^2+4x=-1,$$
$$x^2+4x+1=0,$$
$$(x+1)^2=0,$$
$$x=\pm1。$$

学生丙指出：$x^2+4x+1=(x+1)^2$ 是错的，但我知道怎么做了！将 $x^2+4x=-1$

的两边同时加上4，左边就是完全平方，从而可用直接开平方法了。

合作场景二：

（合作探究）在学生认识到利用“配方法”解一元二次方程的关键在于“左右两边各加一个数配成完全平方”后，教师出示方程 $x^2-3x=-\frac{5}{4}$，并提出问题“解决后你有哪些新的发现”。学生独立思考了一段时间后小组讨论。

课堂观察：

1. 某小组的讨论中，学生丁认为：x^2-3x 配成完全平方的过程可以看作：$x^2-3x+\_\_=(x+\_\_)^2$，显然 -3 是右边的空格与 x 的乘积的2倍，所以右边的空格是 $-\frac{3}{2}$，左边的空格是 $\left(-\frac{3}{2}\right)^2$。

学生戊进一步总结：其实，完全平方公式 $a^2+2ab+b^2=(a+b)^2$ 表明“b”其实就是“$2b$”的一半。

学生巳认为：我觉得还应该加个绝对值，比如 $x^2-3x=-\frac{5}{4}$ 中，一次项系数为负时，就应该是变为正的。

组内其他学生在明白了学生巳的意思后给予了纠正与完善。

2. 小组讨论后的全班展示中，某组的学生代表庚总结时认为：任意一个一元二次方程都可以通过方程两边加上一次项系数的一半的平方配成完全平方。

另一组的学生辛指出这是不对的，比如方程 $4x^2+4x=1$ 两边加上2的平方，方程的左边就不是完全平方形式。

学生庚：那两边同除4不就可以了嘛。我的意思是可以分类处理，当二次项系数为1时，直接两边加上一次项系数的一半的平方配成完全平方；当二次项系数不是1时，可以将它化为1，而后再两边加上一次项系数的一半的平方配成完全平方。

合作场景三：

（巩固练习）在解决一道例题后，教师出示了三个方程让学生解答，解答后，组内互相批阅，矫正答案。

课堂观察：

1. 某组学生壬解方程 $x^2+3x-1=0$ 的过程是：

$$x^2+3x-1=0,$$
$$x^2+3x-1+3.25=3.25,$$
$$(x+1.5)^2=\frac{13}{4},$$
$$x=\pm\frac{\sqrt{13}}{2}-1.5。$$

组长学生癸认为答案虽然也是对的，但这个过程不好理解，而且容易错，于是建议学生壬先将常数项移到方程的右边，然后加上一次项系数的一半的平方，将方程的左边配成完全平方进而用直接开平方法求解，而且最好用假分数代替小数表示解题的过程。

2. 巩固练习和学生小组讨论中，教师有意识地查看几位数学后进生的解题过程，并让其中一位同学上黑板板演自己的计算过程。

【案例剖析】从上述三个合作场景及课堂观察的情况，我们可以大致发现一些合作学习活动在数学课堂上的实践价值。首先，合作中的思维暴露将个体思维由隐性变为显性，从而使课堂教学同步高效进行。从案例中的三个合作场景中都能发现，学生具有个性特点的思维暴露出来后，可以成为组内讨论的内容和教师引导的契机。比如场景一中，学生乙将 $x^2+4x=-1$ 移项之后得到 $x^2+4x+1=0$，他认为左式恰好是一个完全平方，这显示学生乙数学学习中的想当然，但同时也表明他具有一定的数学直觉。场景二中，学生巳认为“需要加上绝对值”，是受到此前学习完全平方公式时所做的类似练习题的影响，显示该学生思维批判性不足；而学生丁和戊则能够很好地利用相关数学知识解决问题。场景三中，学生壬明显掌握了“配方法解一元二次方程”的精髓——将不能直接开平方的方程通过配平方转化为能够直接开平方的方程，但学生壬思维的跳跃性大，常会导致错误。这些思维的暴露一方面会成为小组讨论的话题；另一方面也是教师现场把握学情后教学内容的推进器。

其次，在思维的启发与互补中，学生数学学习的主动性与积极性得到激发。场景一中，学生丙“但我知道怎么做了”，显然是受到学生乙解决问题方法上的启示，学生乙由于缺乏进一步的思考而与“真理”失之交臂，但却启发了学生丙的灵感，这就是不同特质的学生合作的优势；学生甲使用计算器得到了和方程(1)同样的结果，这从另一个角度验证了结论的正确性，同组同学认为“本来它们就是同一个方程”的回答也应该是受到启发后的进一步思考。场景二中，学生丁和学生戊一个是从特殊数字获得发现，一个是由一般字母推得结论，而且二者的发现一个是从方程的左边到右边，一个是从方程的右边到左边，方法上显然有异；令观课者意想不到的是学生庚与辛的对话，它将课堂的学习内容进行了延伸，从授课者的角度来看，这应该是结课环节教师抖出的一个包袱以点明下节课的内容，但由于学生独立思考再加小组内讨论中思维的相互启发，学生对问题的理解已经比较深入，类似问题的出现也就顺理成章。场景三中，学生庚告诉学生壬一般的解题步骤，但同时学生壬的解法也肯定会对学生庚产生影响，并多少引起学生庚对学生壬思维过程的理解与思考，这是思维互补的典型表现。

最后，小组合作能够提高教学目标的达成程度。场景一中的学生甲，场景三中上黑板板演的学生都是数学学习比较落后的学生，但是在小组合作中他们都得到了表现自己的机会，而这显然将帮助他们获得数学学习的基本知识与技能，进而提升数学学习的兴趣与信心。场景三中的学生癸是一位思维跳跃的学生，这样的学生往往课堂听讲不够认真，却善于将零星听到的结论结合自己的理解产生有个性的解法。这些有个性的解法要么略去了关键的解题步骤，使解题产生计算或求解上的困难；要么不善于用新知识解答问题，从而使解题难度加大。解决问题成功率的低下，注定会让这样的学生难以享受数学学习的成功感。显然，教师本来未打算将“总结配方法解一元二次方程的步骤”作为课堂教学目标，但小组合作“一对一”中问题得以暴露并最终得到解决，教学目标自然达成。

富有主体性、情境性和合作性的数学学习活动的一个共同特点是活动的任务引领。有效的任务引领可以成为教学活动的支撑点，引导教学活动的开展，保证学生学习的深度，避免盲目和肤浅的学习；同时它还可以激发学生的合作热情，引发学生的学习积极性。清晰、明确的活动任务可以帮助学生积极主动地学习。通过活动任务，学生可以理解学习的意义，形成自己的知识结构。

第五节　有效落实学习目标才能确定教学目标

前面我们从有效教学的视域出发，分别研究了影响数学教学设计的重要因素——明确学习目标，确定实施学习目标的评价方式，设想实现目标的教学活动。现在我们需要思考以“学习目标”的达成为核心的教学设计如何具体落实到学生身上，也就是教学设计中学习目标如何叙写与陈述。

【案例 11】下面是房老师在苏科版课标教科书“探索直角三角形全等”一节中对学习目标的叙写。

1. 知识与技能目标

(1)了解判定直角三角形全等的斜边、直角边条件；

(2)掌握用 HL 解决实际问题的方法；

(3)在全等条件应用的过程中能够进行有条理地思考，发展合情推理能力。

2. 过程与方法目标

(1)经历探索斜边、直角边全等条件的过程，在实际问题中体会斜边、直角边例行的条件；

(2)进一步体会操作、比较获得数学结论的方法。

3. 情感态度价值观目标

(1)培养学生团结友爱的合作精神；

(2)通过探讨斜边、直角边的条件及应用，感受数学的重要性，激发学生了解现实世界、解决实际问题的欲望。

【案例剖析】这是一节普通课的教学设计关于教学目标的叙写，从中可以看出房老师备课认真，目标叙写全面，似乎也体现了课程标准关注学生数学学习体验的精神，但当我们以学习目标能否落实到学生的角度来审视时，就会发现这种叙写存在不少误区。

首先，三维目标被简单地割裂为三类目标。知识与技能，过程与方法，情感态度价值观是一个目标体的三个维度，知识与技能属于“是什么”的维度；过程与方法是关于“如何获得是什么”的维度；情感态度价值观是在“如何获得是什么”的过程中或之后内化为学生相对稳定的东西。如此看来，三维目标绝不是一个平面内的三类目标，也不宜将其勉强分三个维度来陈述。按三个维度叙写出来的教学目标往往只是空泛理论的罗列，没有针对性，多无实现的可能。比如，“培养学生团结友爱的合作精神”“激发学生了解现实世界，解决实际问题的欲望”，放之四海而皆准，作为数学学科的教育目的比较合适，但作为课时教学目标就不准确了；且这些似乎还只是数学学科独有的育人目标。

其次，行为主体混乱、错位。教学目标陈述的是学生经历学习后的变化，因此，教学目标的主体行为应该是学生。上述目标的叙写中，虽然隐去了行为主体，但还是能清晰地发现其中的知识与技能，过程与方法目标的行为主体是学生，而“培养学生”“激发学生”等情感态度价值观目标显然描述的是教师的行为。行为主体的混乱与错位大致可以理解为“心怀内容，目中无人”，也足以说明课时教学目标的方向不明确，缺乏必要的实现途径，而它往往会导致课堂上教师行为的“越位”或“缺位”。

最后，描述行为的动词不准确，目标缺乏课堂操作性。“了解”“掌握”等属于教学目标能力层次分类的行为动词，这些行为动词描述的多是学生的“内部心理状态”，怎样才算达到“了解”“掌握”甚至“进一步体会”？我们都无法知道。这些没有指向具体概念或内容的教学目标，这些无法观察与测量的教学目标进入课堂后又如何实施呢？

综合刚才的分析，我们会发现叙写教学目标的本质应该是——陈述学生经过一段时间的学习后的变化(获得的知识与发展)。因此，一份规范的课时教学目标应该明确这样四个要素：行为主体、行为动词、行为条件和表现程度，具体来说就是——谁？(学生)；做什么？(可观察到的学习行为)在什么条件下？(支持学习的环境和学习条件)达到什么程度？(行为的标准)比如这样的目标叙写：通过作图，学生能够接受“HL公理”的合理性，能辨别“HL公理”判定直角三角形全等的条件，当堂达标率约95%。其中，学生是主体，“接受”“辨别”是行为动词，“通过作图”是行为条件，“当堂达标率约95%”则是表现程度。

四个要素中，表现程度往往会被忽视，从而陷入定性描述教学目标的窠臼。事实上，从某种意义来说，表现程度才是目标叙写中提纲挈领的要素。目标设定中，我们只需问自己两个问题——是在陈述学生学习后的变化吗？如何观察、测量这种变化呢？如果我们有一个定量的意识(描述表现程度)，就不会“目中无人”(主体)，就会采用那些可观察、可测量的具体行为(行为动词)，就会想办法创设途径(行为条件)以达成设定的那个“定量”。强调目标的表现程度，定量叙写教学目标不一定科学，但它足以使笼统模糊的目标转向具体明晰，从而实现可观可测，易于操作。

现在，我们将房老师的教学目标作以下修订。

(1)通过作图，学生能够接受“HL公理”的合理性，能辨别“HL公理”判定直角三角形全等的条件，当堂达标率约95%；

(2)学生能够在具体问题情境中找出不多于两次全等的直角三角形的边、角的条件，并用逻辑推理的方式将问题解决的过程表达出来，当堂达标率约80%；

(3)在一般三角形与直角三角形全等判定方法的比较中，学生能够指出事物间存在普遍性与特殊性的区别。

从中我们可以发现定量叙写课时教学目标的一些内涵与价值。

首先，以学生获得知识与发展为本。以上教学目标的修订都是以促进学生的学习而展开的，“目中有人”使得教学的努力方向更加清晰。我们已经清楚地意识到——有序完成教学内容只是教学目标的一部分，只有将这些目标有目的地落实在学生身上，才算完成了教学任务，达成了教学目标。教学目标的定量叙写使得授课教师能更有效地指导与监控自己的课堂，从而更利于教学目标的达成。定量叙写可以使目标“精准、保底且有层次性”，定量叙写使得不同层次的学生达成不同的教学目标成为可能，目标中的最低表现水准是保底(一些“不该错的”问题就会当堂达标，学生之间的差距就不会越来越大)，在保底基础上拓展即为分层(这也是以学生发展为本的体现)。

其次，打造“明明白白”的课堂。定量叙写教学目标就是要让授课教师课前设定明明白白地目标，明明白白地走进课堂，明明白白地实施自己的目标，明明白白地走出课堂，最后再明明白白地完成需要补充的工作。能对课堂目标达成程度进行定量分析的时候，我们就会自觉以学生对设定教学目标的达成情况为评价的标准与依据，我们就不会总是陷在“多讲了两道题、少讲了一道题”的纠结中不可自拔；我们就不会总是将学生的个体错误放到全体学生中去集中讲解。

最后，为教师的专业发展提供技术手段。如果我们将设定教学目标比作建一栋楼房的话，教学目标的定量叙写就是一份简明扼要的设计蓝图。显然，根据设定的目标是无法去上课的，但根据定量叙写的目标就大致能够动工了。课时教学目标的定量叙写关注的不是课后对学生评价的定量统计，而是在课前对内容及学情了解基础上的定量估算与课中的定量把握，将这种估算、把握与课后学生完成作业(或考试)的情况比照，会使教师更清晰地认识自己的教学对象。长期定量分析学情，授课教师会对学生有更透彻的认识，教学目标的设定会更合理，教师就可能成为教学专家。只有教师的专业水平提高了，才有教学的高效。

【案例12】孙老师在“同底数幂的除法”的教学设计中尝试使用教学目标定量描述卡来促进学生学习目标的有效达成。

首先，孙老师将“同底数幂的除法”的教学目标定性描述为：(1)经历同底数幂的除法法则与同底数幂的乘法法则的比较过程；(2)掌握同底数幂的除法法则，知道零指数幂；(3)比较同底数幂的乘法法则、同底数幂的除法法则、幂的乘方法则，感悟其中蕴含的联系与区别。

接着，借助“教学目标定量描述卡”将定性的教学目标进行定量描述，以进一步描述技能型教学目标。

表 1　教学目标定量描述卡

<table>
<tr><td>学习目标</td><td>掌握同底数幂的除法法则</td><td>预设当堂达标率</td><td>90%</td></tr>
<tr><td colspan="2">教学目标样题</td><td>实际当堂满分率</td><td></td></tr>
<tr><td colspan="2" rowspan="7">1. 在 2 分钟的时间内，正确完成下列计算(每小题 8 分)：
(1)$a^{10}\div a^{7}=$______；(2)$(-3)^{15}\div(-3)^{7}=$______；
(3)$-x^{102}\div(-x)^{2}=$______；
(4)$\left(\frac{2}{3}\right)^{8}\div\left(-\frac{2}{3}\right)^{3}=$______；
(5)$(x+y)^{3}\div(x+y)=$______；
(6)$(-2)^{2008}\div 2^{2008}=$______。
2. 在 2 分钟的时间内，辨析正误(每小题 8 分)：
(1)$a^{10}\div a^{5}=a^{2}$(　　)；　(2)$(a^{3})^{2}=a^{9}$(　　)；
(3)$a^{3}\times a^{4}=a^{12}$(　　)；　(4)$a^{3}+a^{3}=a^{6}$(　　)；
(5)$7^{100}\div 7^{100}=1$(　　)；　(6)$a^{0}=1$(　　)。
3. 在 2 分钟的时间内，计算(本题 4 分)：
$-a^{7}\div(-a)^{2}\times a^{2}$。</td><td>实际当堂达标率</td><td></td></tr>
<tr><td>实际当天达标率</td><td></td></tr>
<tr><td>单元考试出错率</td><td></td></tr>
<tr><td>期末考试出错率</td><td></td></tr>
<tr><td colspan="2">典型问题描述
优秀方法记录</td></tr>
<tr><td colspan="2"></td></tr>
<tr></tr>
<tr><td>备注</td><td colspan="3">在 6 分钟内得到 80 分，可视为当堂达标；未能达标的同学，可争取异步达标；只要能够在当天、当周、本学习单元结束时，能够独立解决上面的问题，都视为掌握了同底数幂的除法法则。</td></tr>
</table>

最后，设计课堂分区提问观察记录表。

表 2　课堂分区提问观察记录表

<table>
<tr><td>第六列</td><td>第五列</td><td>第四列</td><td>第三列</td><td>第二列</td><td>第一列</td><td>教室前门</td></tr>
<tr><td colspan="2" rowspan="2">第 7 区</td><td colspan="2" rowspan="2">第 4 区</td><td colspan="2" rowspan="2">第 1 区</td><td>第一行</td></tr>
<tr><td>第二行</td></tr>
</table>

续表

<table>
<tr><td>第六列</td><td>第五列</td><td>第四列</td><td>第三列</td><td>第二列</td><td>第一列</td><td>教室前门</td></tr>
<tr><td colspan="2" rowspan="2">第 8 区</td><td colspan="2" rowspan="2">第 5 区</td><td colspan="2" rowspan="2">第 2 区</td><td>第三行</td></tr>
<tr><td>第四行</td></tr>
<tr><td colspan="2" rowspan="2">第 9 区</td><td colspan="2" rowspan="2">第 6 区</td><td colspan="2" rowspan="2">第 3 区</td><td>第五行</td></tr>
<tr><td>第六行</td></tr>
</table>

【案例剖析】案例中，为了更准确地描述、落实教学目标，针对技能型教学目标“掌握同底数幂的除法法则，知道零指数幂”，孙老师设计了教学目标定量描述卡。这份目标定量描述卡用目标样题进一步描述教学目标，把教学目标进行了定量转换，借此帮助授课教师在教学设计时准确估计目标达成度。原本只是停留在教案上的教学目标也更加具体和可操作，真正起到了促进“学习目标”的有效达成的价值。

为了落实过程性教学目标“经历同底数幂的除法法则与同底数幂的乘法法则的比较过程”，转变课堂提问的随意状态，提升课堂提问率与提问覆盖率，孙老师还设计了“分区提问观察记录表”。这份记录表能够有效促进学习目标在学生身上的具体达成。

有效的教，并不在于教师讲了多少，讲得好不好，而在于教师是否能够在学生经历学习的过程中，实施有针对性的教，在学中教，才是最有效的教。

明确学习目标、确定评价方式、设想教学活动，并且以教学目标在学生身上的具体落实来定量叙写教学目标。下面我们来看一个完整的以“学习目标”为核心的教学设计的案例。

【案例 13】展开与折叠(1)的教学设计

Ⅰ 设计思路　教学目标、素材选取、呈现形式、活动方式及其相互关系可用图 2.17 中的流程图表示。

Ⅱ 教学准备　每名学生课前准备 1 把剪刀和 5 个边长为 5 厘米的纸质正方体。

Ⅲ 教学过程

一、目标导入

问题：一只蚂蚁从如图 2.18 的圆柱上的点 A 绕圆柱一周爬到点 B，你能画出它爬行的最短路线吗？

（设计意图：利用这个问题情境让学生感受将空间问题转化为平面知识的必要性。）

二、自主探究

（一）探究实验 1——先做再想

1. 将如图 2.19 的无底的冰淇淋纸筒沿虚线剪开，侧面展开后能得到什么平面图形？

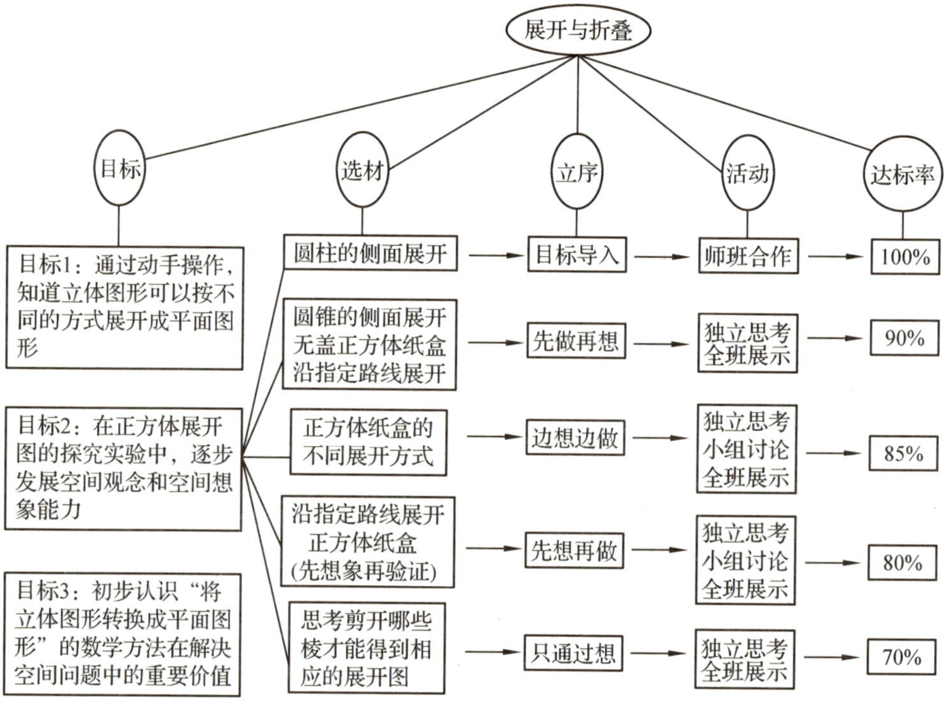

图 2.17

2. 沿如图 2.20 中的粗线将无盖的正方体纸盒剪开，展开后能得到什么平面图形？

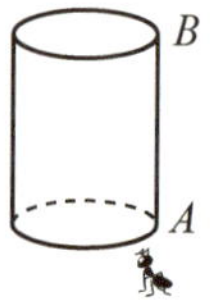

图 2.18

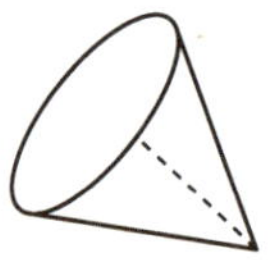

图 2.19

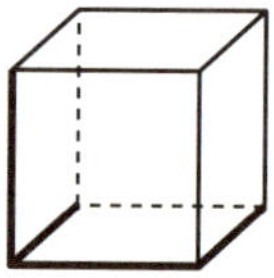

图 2.20

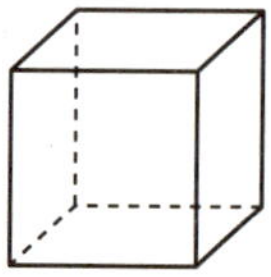

图 2.21

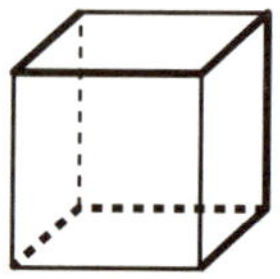

图 2.22

（设计意图：“无底的圆锥的展开图”旨在让学生通过思考和动手操作启发空间想象能力。“无盖的正方体沿指定的棱展开”有两点意图：一是让学生自己操作，获得动手操作的经验；二是班级中可能有学生因为不理解“按指定的棱”剪开从而得到与其他学生不同的展开图，此时让学生初步体会“同一个物体采用不同的展开方式会得到不同的展开图”。）

（二）探究实验 2——边想边做

如图 2.21，将一个正方体纸盒沿部分棱剪开展成一个平面图形。

问题 1：把一个正方体纸盒的表面展成一个平面，需要剪开多少条棱？为什么？

问题 2：同一个正方体纸盒的表面沿不同的棱剪开，展成的平面图形是否相同？如果不同，你能够尽可能多地得到不同的平面图形吗？

（设计意图："无底的圆锥的展开图"旨在让学生通过思考与动手操作启发空间想象能力。"无盖的正方体沿指定的棱展开"有两点意图：一是让学生自己操作，获得动手操作的经验，同时反思获得这个展开图的"道理"，从而获得"空间想象"的一般方法，为后面环节的"想"提供方法基础；二是班级中必然有学生因为不理解"按指定的棱"剪开从而得到与其他学生不同的展开图，此时让学生初步体会"同一个物体采用不同的展开方式会得到不同的展开图"。）

（三）探究实验 3——先想再做

如图 2.22，沿粗线将正方体纸盒剪开展平，得到什么图形？

（先想一想，再大致画出图形；由组长动手剪下，全组验证。）

（设计意图：这一环节似乎和"无盖的正方体沿指定的棱展开"没有多少区别，但是"先想"旨在提升学生的空间想象能力，是前两个环节的自然延伸和提高。此处可以提醒学生利用"探究实验 2"所总结出来的一般方法；"再做"可以让学生进一步感悟"先想"的方法，初步领悟"空间折叠"与"展开"的关系。）

（四）探究实验 4——只通过想

1. 如图 2.23 的正方体，该剪开哪些棱，才能得到下面的展开图？

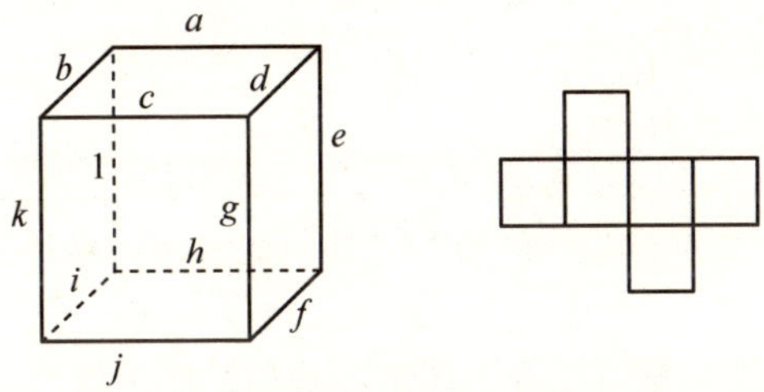

图 2.23

2. 如图 2.24 所示的立方体，如果把它展开，可以是下列图形中的(　　)。

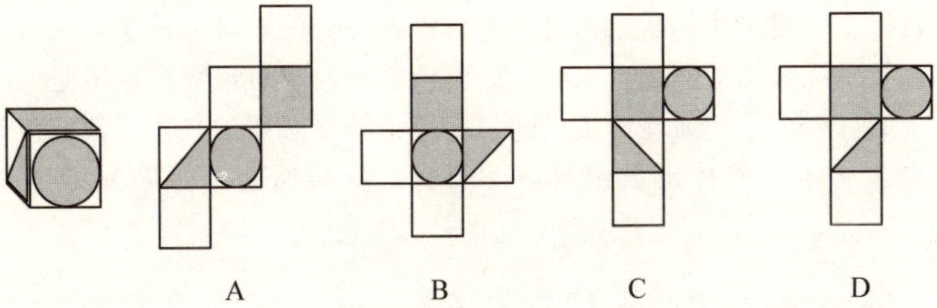

图 2.24

（设计意图：这里的两个问题“做”已经比较麻烦了，是“想”的方法的进一步领悟的过程。）

Ⅳ 拓展延伸

1. 如图 2.25 是一个正方体的表面展开图，则原正方体中与“建”字所在的面相对的面上标的字是(　　)。

A. 美　　B. 丽　　C. 无　　D. 锡

2. 如图 2.26，有一只壁虎在正方体的一个顶点 A，要爬到距它最远的另一个顶点 B 去，哪条路径最短？最短路径有几条？（画出其中一条的示意图）

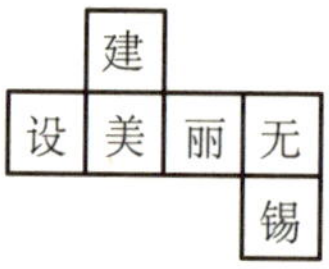

图 2.25

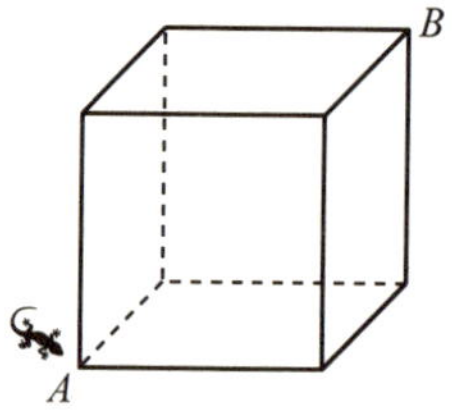

图 2.26

（设计意图：第 1 题的设计目的是让学生感受“想”所获得的成功；第 2 题则又回到“目标导入”，让学生利用“立体图形的展开图”具体解决问题，这样可以使课堂教学前后呼应。）

Ⅴ 课堂归理

谈谈本节课的学习体会。

（设计意图：引导学生自己感受“立体图形展开”的必要性及优势；领悟“从做到想”的思维发展过程以及“空间展开”的“想”的一般方法；感悟同伴学习互补与激发的重要意义。）

读者可以借助这个案例，结合前述学习目标、课堂评价、教学活动之间的关系，感受基于“学习目标”达成的教学设计的要义；也可以进一步思考如何定量叙写教学目标，以促进教学目标在学生身上的具体落实。

课程改革中人们的种种努力都是在追求由注重“教”向关注“学”的转变，将目光放在教学目标上，便于我们从原点出发重新审视我们的教学。定量叙写教学目标有很多困难以及亟待解决的问题，比如，如何科学地设定表现程度而不是完全凭借授课教师自身的“感觉”，如何评价达成的程度等都缺乏必要的技术手段。但是，如果我们坚持以生为本，坚持定量叙写教学目标，就必然能够不断靠近理想教学的彼岸。

第六节　以研究者的视角审视和设计教学

教学是一项非常复杂的工作，要使教学更有效，教师就必须做大量的研究，即所谓“教学即研究”。新一轮课程改革以前，教师使用统一编写的教学大纲，教学大纲中详细规定了每课时的教学内容、进程和策略。在这种情况下，教师只要按照教学大纲的安排，参考教学用书，教学设计以及基本的教学也就能够完成，需要教师研究思考的空间相对狭小。新一轮课程改革中，取代了教学大纲的课程标准只规定了学生预期能够达成的学习结果，而不再规定具体的教学内容、进程和策略，依据课程标准编写的各种版本的教科书也只是教师进行教学设计的重要“参考资料”。教师拥有教学设计更多的自主空间，然而自主空间越大，教学设计的不确定性就越高，教师就越要对教学设计进行研究。

【案例 14】某校七年级数学备课组在课前研讨“三角形的认识”一节的教学设计时产生了疑惑——自己使用的苏科版课标教科书中只介绍了“三角形的两边之和大于第三边”，只字未提“三角形的任意两边之差小于第三边”。这一内容为什么被删除？教学时需不需要补充上去？如果需要，采用什么方法教学更合适？备课组的老师就这些问题开展一系列研究。

首先，寻找到了《课标(2011 年版)》中有相关的论述“证明三角形的任意两边之和大于第三边”。这说明课程标准中并没有让学生掌握“三角形的任意两边之差小于第三边”的要求，可是别的版本的教科书安排了“三角形的任意两边之差小于第三边”的教学。这是什么原因？

进一步从教科书编写体例以及数学知识的内部联系上思考。“三角形的任意两边之和大于第三边”可以用“两点之间线段最短”来证明，“三角形的任意两边之差小于第三边”可以视为“三角形的任意两边之和大于第三边”的推论，它的证明必须从“三角形的任意两边之和大于第三边”出发使用不等式的知识。但是苏科版课标教科书中的不等式的知识安排在七年级下册的后面，显然就学生的现有知识是无法证明“三角形的任意两边之差小于第三边”的。别的版本的教科书在“认识三角形”之前已经安排了不等式的教学，所以“三角形的任意两边之差小于第三边”的证明也就顺理成章成为了不等式应用的良好素材。

其次，分析学情和内容本身的重要程度。该校是一所省级示范初中，学生基本素养较高，而且数学学科是这所学校的标杆性学科。学生在小学时已经了解了“三角形的任意两边之和大于第三边”，初中阶段的学习中“三角形的任意两边之差小于第三边”在一些较为复杂的问题中也有较高的使用频率，让学生了解“三角形任意一边的取值范围在两边之差与两边之和之间”既是解题思维快速定向的需要，也是欣赏数学对称美的需要。所以决定增加这一内容。

最后，考虑采取什么样的教学策略以及让学生掌握到什么程度。不妨借助问题“已知三角形的两边分别为 4 和 7，请确定第三边的取值范围”。第三边小于$4+7$是好理解的，如果把 7 看作三边中最大的边，那么第三边与 4 的和应该大于 7，所以第三边应该大于$7-4$。从这个特例出发，让学生感悟并总结“三角形的任意两边之差小于第三边”。

【案例剖析】事实上，此类需要教师研究后做出教学决策的问题，在备课时是经常有的。比如多种版本的教科书将勾股定理安排在实数的后面，从而导致“$\sqrt{2}$的长度”不能像传统教学那样用勾股定理获得，这样就会出现“没有一个无理数在数轴可以表示出来”的现象，学生也就无法总结“数轴上的点与实数一一对应”的结论。上述内容经研究后可以采用图 2.27 中的设计过程。

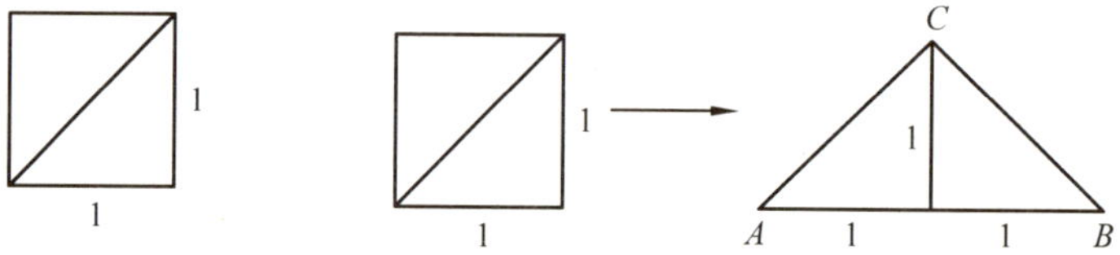

已学勾股定理后：由勾股定理得到边长为 1 的正方形的对角线长度为$\sqrt{2}$。

未学勾股定理：正方形经割拼后成为等腰直角三角形，再由面积法得到 $AC=BC=\sqrt{2}$。

图 2.27

面对这些疑难问题教师以研究的态度进行教学设计，创造性地使用各类资源，将学生带进数学的殿堂。同时，上述案例也为我们提供了进行类似教学设计时的基本研究思路(如图 2.28 所示)：

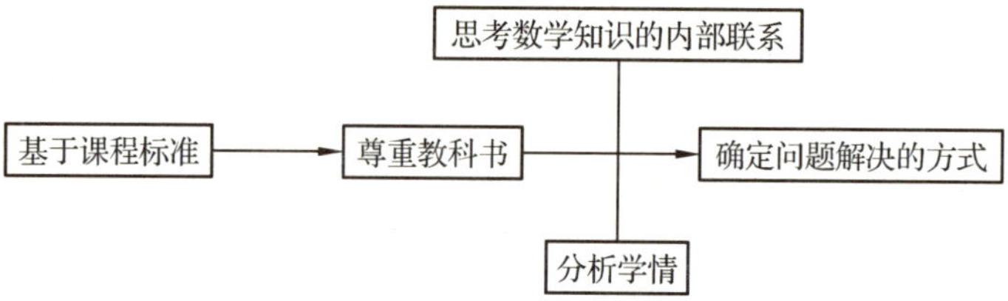

图 2.28

要想教学更有效，教师就必须进行教学研究，不研究就可能做无用功，就谈不上有效教学。教学设计是课堂教学的蓝图，如果说课堂教学最能体现教师的教学实践能力，教学设计的水平则是教师理论联系实践能力的彰显。从研究范畴上说，教学设计的研究是当前流行的行动研究的重要组成部分，教学设计的研究问题可以是教学经验与教学理论的冲突，教学思想与教学实践的统一，更多的则是具体教学内容中教学目标的确定、教学评价的设定和教学活动、教学行为的斟酌。其中教学目标的确定是教师教学素养的重要体现，教师是否对教学设计进行研究以及研究的程度，从教师对教学内容的目标立意上可以一览无余。

【案例 15】三位教师“正方体展开图”的教学片段实录

1. 教师甲的课堂

教师出示问题(PPT 展示)：请将一个有盖正方体纸盒沿棱展开成为一个平面图

形，并相互交流。（学生动手操作，大致得到了 7 种平面图形，其中有两种经变换是完全相同的图形。教师没有在意。）

师生总结，沿不同的棱展开会得到不同的平面展开图。

2. 教师乙的课堂

出示同上的问题。

（教师将学生剪得的平面图形展示在黑板上，黑板上图形的个数在不断增加，其中包括经变换后相同的图形。突然有学生兴奋地大声说，“我能剪出所有类型的展开图”。）

学生 1：侧棱只剪开一条，侧面的四个小正方形一定成一条线，是一个四连方，再给他配上下两个底；侧棱只剪开两条，侧面的四个小正方形在同一条线上的最多只有三个，是一个三连方；剪开三条侧棱，侧面的四个小正方形在同一水平面上的最多是两个……

（师生在这一发现的鼓舞下最终得到了图 2.29 中的所有图形，并且利用这种方法还很好理解经变换后相同的图形应该视为一类。）

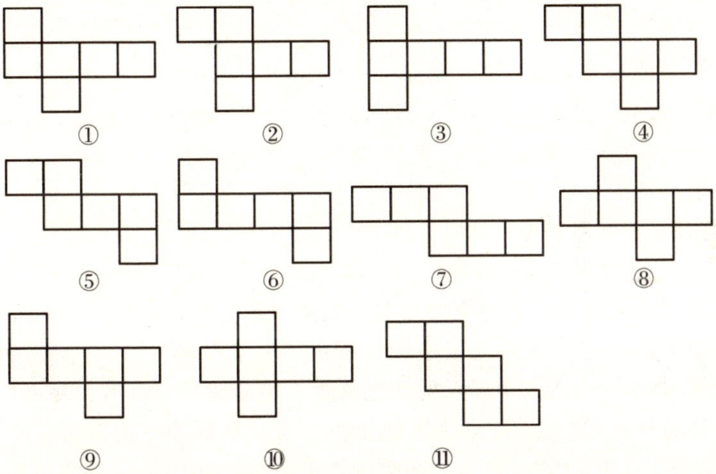

图 2.29

3. 教师丙的课堂

出示同上的问题。

教师：请大家自己先在模型上剪一剪，而后四人一个小组交流讨论，并将小组得到的展开图贴在黑板上。（不断有学生将得到的展开图贴在黑板上，此时有学生提出疑问。）

学生 2：下面这两个图形是一样的(图 2.30)。

教师：为什么？

学生 2：因为翻折只改变图形的位置，并不改变它们的大小与形状。将左边的图形翻折后能得到右边的图形，因此这两个图形本质上是一样的。

图 2.30

（紧接着，学生纷纷指出已经贴在黑板上的可以视为相同的图形。经过更换、添加，黑板上留下了 11 个不同的图形。如图 2.29。学生的讨论陷入了胶着状态，既发现不了新的图形，又不能肯定已经全部找到了。）

教师：还有新的吗？能肯定没有了吗？为什么既不能肯定有又不能肯定没有了？

学生 3：好像挺乱的，没有什么秩序……

教师：做事有秩序的本质就是能够按照一定的标准去分步实施方案，也就是能够有序将问题分类，分而治之。已有的图形有能分在一类的吗？分类的标准是什么？

学生 4：我发现有的图形是三行的，有的图形是两行的，可以根据每行的个数将它们分类，比如①③⑥⑧⑨⑩可以认为是 1—4—1 型的；②④⑤可以认为是 2—3—1 型的；⑪是 2—2—2 型；⑦是 3—3 型的。

（其他学生恍然大悟。师生共同移动图形，得到了四种分类，考查每种分类后，师生发现每种分类都没有新的图形了。）

教师：现在能肯定有还是没有了吗？

学生 5：肯定没有了。因为分类完整，且每种类型里也没有新的图形了。

【案例剖析】上述三个教学片段中教师所用的教学素材相同，呈现顺序也相同，可是三位教师将学生带离教学起点的远近程度却有很大差异。教师甲对“正方体的展开图”教学的目标定位是“让学生了解正方体可以展开为平面图形；同一个几何体，可能有不同的展开图”。教师乙在教师甲的基础上让学生分组活动并将不同的展开图贴在黑板上，这激发了学生的思考热情，当“不能肯定是否还有”时，“让学生体会分类的数学思想在解决问题时的重要作用”的教学目标就得以实现了。教师丙让学生在剪的过程中主动发现——剪开不同个数的侧棱会得到不同类型的展开图，以此实现“对正方体展开图分类方法的探究”的目标。教师甲所定位的目标学生在小学的数学学习中就经历过了，偏低的目标激发不起学生的学习热情；教师乙对教科书编写者的意图显然是有透彻理解的，“图形的变化”正是为“图形的展开”做了知识上的铺垫，否则“正方体的展开”便显得混乱，“没有了标准”，因此“体会分类思想”作为目标之一是科学合理的；教师丙的做法并没有停留在上述“不学自明”的简单的目标层面，而是让学生在剪的过程中主动发现——剪开不同个数的侧棱会得到不同类型的展开图，以此达到“对正方体展开图做出理性的分类探究”“剪是为了不剪”的高度。教师让学生分组活动并将不同的展开图贴在黑板上，这激发了学生的思考热情，当“不能肯定是否还有”时，“让学生体会分类的数学思想在解决问题时的重要作用”的教学目标就得以实现了。

不同教师对同一教学内容所寄予的目标的解读是各异的，教师的教学素养往往体现在对相同素材的教学目标立意的理解与设计。教学目标立意的远近高低，取决于教师研究的程度，教师课前进行教学设计时研究得不够就难免在课堂上出现硬伤。上述案例中的教师甲，因为对教科书编者的意图不甚了解，对“正方体展开图”会有多少种没有认真思考过，如此便不能形成教学智慧，丢失了课堂上培养学生思维能力、让学生经历鲜活的数学思想方法产生的过程。

数学教师进行教学设计时，要细心体察、感悟教学的现象，注重从中总结积累、消化与吸收有益的东西，以进一步提升课堂教学目标的立意。

有效的教学设计是高效课堂的基本保证。教学设计就是在理解与改进教学的过程中，形成最优化的教学方案使学生的知识与能力发生预期的变化。以“目标达成”为核心的设计教学不在于让课堂教学“标准化”，而是期望教师在遵循“弹性化”的课程标准要求下，以研究的态度，积极主动教学，以促进每个学生的发展。以“目标达成”为核心的设计教学注重基于标准预设学习目标、评价方案和教学活动，但也强调在教学过程中根据实际情况调整和生成学习目标。因此，教师有必要在实践中进一步积极研究学习目标、课堂评价和教学活动之间互动的关系，实现目标、评价、活动之间的一致性。

第三章
精心预设是生成性课堂的前提

第一节　教学活动的目的是为了让学生参与

众所周知，上课需要提前备课。为此，教师需要对教科书进行深入解读，并对学生的认知现状进行合理分析，然后精心设计课堂教学的每一环节。然而，实际的课堂是变化万端的，同样的教学设计，在不同的班级往往会有不同的教学效果。这是为什么呢？因为影响课堂的因素很多。其中，有教师方面的因素，也有学生方面的因素，还有外部环境方面的因素。那么，面对千变万化的课堂，我们究竟该如何把握？如何演绎？这就需要我们教师能真正理解课堂活动的核心。

【案例 1】公开课临近，王老师为了赶制一个教学课件，这些天可谓费尽心思。先是临时抱佛脚：虚心地向学校里的信息技术老师请教多媒体课件的制作方法，接着就是网上网下搜集素材，花了好些日子，终于让课件要图片有图片，要声音有声音，要影像有影像，最后又请信息技术老师、美术老师一道会诊美工一番。这不，你看那堪称精美的设计，真可谓面面俱到——无论是框架结构还是细微之处，均称得上“设计合理”“界面美观”。从字体选择到颜色搭配，足见费了不少心思，“关键之处”还配上了梦幻般的动画。其中的心血，只要从王老师那越发清瘦的脸上即可找到答案，用王老师自己的话说，“一节课的课件，其制作绝不少于 100 小时……”

课件制作完毕，为了不使自己在公开课上由于过分紧张而忙中出错，王老师又不知多少次地独自一人面对电脑，手握鼠标，彩排、彩排、再彩排……

公开课的下课铃声终于响了，王老师终于松了一口气。整个课堂几乎达到“完美”，完全按照课件中预设的流程“有条不紊”地展开：从情境导入到新课知识呈现，从课堂例题到当堂练习、小结，课件无所不含，甚至连假想的“课堂高潮”出现时的掌声都是预设的。在那节公开课的课堂上，王老师高度紧张而又毫无差错地点击鼠标，要说这节课上学生的配合，也可称得上“完美”：总是能在关键之处“恰到好处”地钻进教师预设的“陷阱”，不时博得听课教师的阵阵掌声……

【案例剖析】上述情境，其实是许多公开课的一个缩影，案例中的那位王老师，先是动用了所有能动用的各路高手，花了上百小时，制作了一节课的教学课件；接着为了熟记课件详细操作步骤而默默彩排；课堂教学中时刻提心吊胆，生怕学生没有按照事先设计的那般不时地钻进教师在课件中预设的圈套。最终，运气还算比较好，整堂课感觉如有神助，结果如愿以偿地一气呵成。然而，细细品味过后，即可发现，这里所谓的“完美课堂”，其实是以课件为中心而展开，实质上是缺乏学生思维的课堂。课堂教学中，尽管课件的画面设计精美绝伦、图像显示动静结合、文字出现翻转飞动，到头来一切可能都是空中楼阁。真不知，课堂中，万一教师一个误操作，甚至是临时停电，课堂还如何推进？正如有些人所说的：“一旦学校停电，真不知还有几个人知道该如何上课了。”这就不由让我们想起一个话题——课堂活动的核心到底是什么？

有效教学，既不是虚无缥缈的概念，也不是毫无抓手的理念，而是看得见摸得着的教学追求。课堂活动的核心，就是让学生参与教学，尤其是思维的参与。所以，我们应该转变教学观念，从片面注重预设到切实关注教学生成，根据学生课堂学习中暴露的问题，调整教学策略和程序，增强教学的针对性，提高教学效率。试想，不顾及教学生成的课堂，学生的参与岂不是流于形式的走过场？所以说，教师只有真正地关注课堂生成，才能真正地把以学生为本的教育理念落到实处。

第二节　有效教学需要充分准备和精心预设

一般来说，同一位老师所执教的公开课的教学效果要比平时的教学效果要好。这显然不是因为公开课上这位老师的教学能力提高了，而是因为教师的备课比平时充分多了。由此可见，认真备课是上好课的前提，任何一堂成功的课，无不凝结着教师备课的心血。其实，备课环节，也是教师提高知识水平和教学能力的过程。在这一环节中，教师经历了解读教科书、搜集整理素材、剖析学生、确定教法等过程，专业水平和教学设计能力自然也会得到提高。换句话说，通过精心备课再步入现实课堂，教师就把可能的教学能力转化为现实的教学能力。如果不经历认真的备课环节，教师就不能使可能的教学能力得到最充分的发挥。

【案例 2】在《圆的有关计算》这节课临下课前 3 分钟，教师打开了利用“几何画板”软件制作的一个小课件。面对课件中如图 3.1 所示的画面，学生很容易就理解了圆周长一定处于圆的内接正 n 边形的周长与外切正 n 边形的周长之间。因此，圆周率 π 一定处于上面两个比值之间。

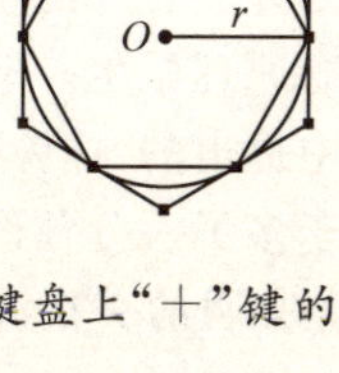

$n=6$

$$\frac{\odot O\text{的内接正}n\text{边形的周长}}{2r}=3.000\ 00$$

$$\frac{\odot O\text{的外切正}n\text{边形的周长}}{2r}=3.464\ 10$$

图 3.1

接着，随着键盘上“+”键的不断按动，边数 n 及图形不断发生着变化，例如，

$n=12$ 时，如图 3.2 所示：

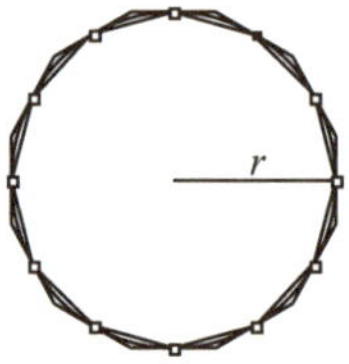

$n=12$

$$\frac{\odot O\text{的内接正}n\text{边形的周长}}{2r}=3.105\ 83$$

$$\frac{\odot O\text{的外切正}n\text{边形的周长}}{2r}=3.215\ 39$$

图 3.2

接着，教师通过键盘输入，直接把边数 n 调整为 100，如图 3.3 所示。此时圆的内接正 n 边形及外切正 n 边形都已接近这个圆。

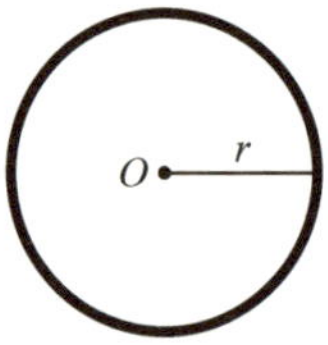

$n=100$

$$\frac{\odot O\text{的内接正}n\text{边形的周长}}{2r}=3.141\ 08$$

$$\frac{\odot O\text{的外切正}n\text{边形的周长}}{2r}=3.142\ 63$$

图 3.3

紧接着，教师把边数 n 调整为 1000，课件显示如图 3.4 所示：

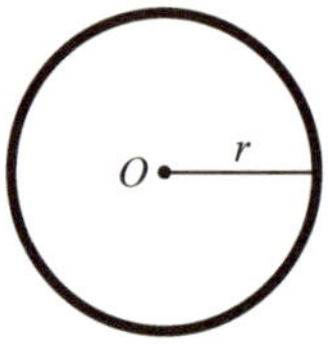

$n=1000$

$$\frac{\odot O\text{的内接正}n\text{边形的周长}}{2r}=3.141\ 59$$

$$\frac{\odot O\text{的外切正}n\text{边形的周长}}{2r}=3.141\ 60$$

图 3.4

面对图 3.4 展示的结果，全班学生惊呆了！

【案例剖析】提起圆周率 π，每一位中华儿女都会想起中国古代数学家祖冲之——他是世界上将圆周率精确到 7 位小数的第一人。对于圆周率的求得过程，初中数学教科书中并不作为教学要求。所以，在初中数学课堂上，很少看见探求圆周率的课例。在案例中的这堂出彩的课堂上，执教老师课前利用“几何画板”软件中的“迭代”功能制作了一个用于课堂演示的小课件。尽管对于熟练掌握“几何画板”软件的老师来说，这个课件制作并不需要多长时间，5 分钟就足够了。但是，正因为有了这个课前的精心设计，课堂上，面对课件，学生对圆周率的含义、极限的思想、两边夹原理等数学知识概念、数学思想方法还需要教师作更多的阐述吗？此时无声胜有声，因为数学图形与符号本身就是一种语言！面对此情此景，一方面，学生会不经意间陶醉于数学，忘情于数学——数学真奇妙！另一方面，学生也会对教师的教学技能感到由衷的钦佩。这样的设计，或许能带来许多意外的收获——由于多了一分预设，许多原本初中生几乎很难理解的数学概念原理学生一下子全明白了，而且不需要教师的旁白；由于多了一分预设，新课标中提出的“体验数学”的号召变成了课堂现实，兴趣出于自发，亲其师而信其道；由于多了一分预设，从图 3.1 到图 3.4，课堂上短短的两三分钟时间，学生经历了人类文明的一次洗礼，几分钟的课堂体验也许会为促成一位伟大数学家的诞生埋下伏笔……

数学课堂上的有效教学，不能片面地理解为是扎扎实实的解题训练。有效的数学课堂，要求能够促进学生思维参与不断走向深入，要求能够促进学生学习兴趣不断得到提升。由此可见，课前的教学设计，教师不仅需要围绕教学内容去搜集素材，而且需要根据学生的认知特点去巧妙组织素材，根据学生学习的实际情况设计教学的各个环节和流程；不仅需要根据《课标(2011年版)》的要求去设计相应的教学内容，而且需要创设合适的情境去调动学生学习的热情。没有精心的预设，难以顺畅地推进教学；没有精心的设计，难以唤醒学生参与学习的内驱力。所以说，精心预设是有效教学的基本保证。

【案例3】上个星期，刚学完《整式的乘法》。这个星期的前几天，又接着学习了《因式分解》。为了能及时了解学生对这些内容的掌握情况，孙老师没顾得上单元复习课，马不停蹄地进行了这样的安排：在星期五的数学课上进行单元测验。命题范围即为“整式的乘法”和“因式分解”这两部分内容……

试卷收上来后，孙老师在第一时间开始了阅卷工作……

批着，批着，孙老师皱起了眉头，纳闷起来了：怎么回事？前几天的作业同学们还完成得好好的，怎么试卷上错误一大堆？测验成绩很不理想。有的同学分辨不清“整式的乘法的计算题”与“多项式的因式分解”的区别，有的同学在进行多项式的因式分解时总是不知道先提取公因式，有的同学甚至不知道有些题目到底运算到哪一步。

例如对于这样一道题：分解因式$(2x+y)^2-(x+2y)^2$。班级里竟然有不少同学是这样做的：

$(2x+y)^2-(x+2y)^2=[(2x+y)+(x+2y)][(2x+y)-(x+2y)]=$

$(3x+3y)(x-y)=3x^2-3y^2=3(x^2-y^2)=3(x+y)(x-y)=3x^2-3y^2$。

甚至还有学生在后面继续写上：“$=$……，碍于篇幅，下面循环……”

孙老师好生奇怪，怎么刚教的内容测验下来错成这样？要是经过的时间长了，学生忘掉倒也正常，而事实上，这些内容都是这两周学的，按理说刚学完，马上进行评价性测试，试题难度又不大，不应该会有什么问题啊。难道学生的作业不是独立完成的？

【案例剖析】如果简单地分析事实——学生作业上反馈的情况一切正常，而单元测验中却错误百出，教师难免会产生怀疑：难道学生的作业真的不是独立完成的吗？事实上，学生每天的作业正确率都比较高，这有很大一部分原因是许多课时作业属于简单的模仿训练。作业题大都与当天所学内容、例题、课堂练习相仿，于是正确率自然较高。在没有经过系统复习、辨析、反思，没能将知识进一步理解和深化，没有经过时间的考验之下，将两周内容混合于一张试卷上出现，学生概念比较模糊，容易混淆，于是测验中出现较多的错误也就不足为奇了。

教师本来想要及时对两周的教学实施一次评价，但是安排得不太恰当的测验，带来了许多弊端：不利于学生对所学知识进行整理与反思，也不利于学生形成积极的学习态度。试想，刚学的内容，测验卷上就是一连串的“×”，而且学生还不知道为什么会这样，较低的分数难道不是对学生的一种打击吗？长此以往，许多学生很容易产生自卑和抵触心理，这很不利于学生的健康成长。

我们不妨再深入探析一下造成最终结果的原因，“整式的乘法”和“因式分解”属互逆运算，这本身就容易混淆。在新课的学习中，学生可能更多地关注“如何进行乘法计算？因式分解有哪几种方法？”而很少关注“何为整式的乘法？何为因式分解？因式分解的一般步骤如何？有哪些注意事项？”而这些问题理应在复习课上进一步梳理与明晰。假如我们在进度安排上从容一点，也许一两节复习课后学生对许多疑惑会豁然开朗，也许一两周后学生对原先的问题又会有新的认识……

数学课堂，有的是新授课，有的是习题课，有的是复习课，有的则安排学生进行测验。因此，不仅新授课需要设计，其他各种课也都需要设计(包括测试内容、时间等)。精心预设是有效教学的保证，对于单元测验，也是如此。新授课之后要不要安排复习课？单元测试卷要不要精心设计？对此，没有系统科学的规划，又怎能取得预期的良好效果呢？精心预设，不应是一种口号，而应落实于具体行动中。假如教师没有正确理解，就难以有持续的正确教学行为，出现案例中的结果也就在所难免了。少了精心预设的环节，自然难以实现有效教学的追求。

教学是否有效，并不是指教师有没有教完内容或教得认不认真，而是指学生有没有学到什么或学生学得好不好。在落实有效教学的过程中，教师既要准确把握教科书、合理定位目标，也要创设有效情境、实现有效合作，还要关注学生情感、实施有效评价。所有这些要素的达成，都离不开精心预设这一基本保证。

第三节　课堂生成要善于转化为教学资源

让学生参与课堂是课堂活动的核心。有效课堂，一定有学生思维的积极参与。只要有学生的思维参与，就一定会有偶发的甚至是出乎意料的教学生成。数学课，不一定需要完美流畅，不一定需要师生的对答如流，但却需要足够的思维广度，需要学生思维的深度参与。

《课标(2011年版)》明确指出，“数学课程应致力于实现义务教育阶段的培养目标，要面向全体学生，适应学生个性发展的需要，使得：人人都能获得良好的数学教育，不同的人在数学上得到不同的发展。”数学课程要“对学生的全面、持续、和谐发展有着重要的意义”，要“培养学生的抽象思维和推理能力”。课程设计要“有利于激发学生的学习兴趣”，要“在呈现作为知识与技能的数学结果的同时，重视学生已有的经验，使学生体验从实际背景中抽象出数学问题、构建数学模型、寻求结果、解决问题的过程”。“除接受学习外，动手实践、自主探索与合作交流同样是学习数学的重要方式。学生应当有足够的时间和空间经历观察、实验、猜测、计算、推理、验证等活动过程。”为此，我们的数学课堂，应改变片面追求答案的倾向，取而代之的是注重寻求答案的过程，经历探究问题的历程。而关注教学生成，则是有效学习的直接呈现。

【案例 4】在一次课题为“全等三角形（复习课）”的公开课上，单从课堂所呈现出的表象看，师生配合默契，教学流畅。而且，从课堂反应看，该班大多数学生数学基础都很不错，对三角形全等的判定方法掌握得很牢固，几何推理规范。一堂课下来，执教老师也颇感得意。以下即为这节课的一个教学片段：

已知点 O 到 $\triangle ABC$ 的边 AB、AC 所在直线的距离相等，且 $OB=OC$。

(1)如图 3.5，若点 O 在 BC 上，求证：$AB=AC$；

(2)如图 3.6，若点 O 在 $\triangle ABC$ 的内部，求证：$AB=AC$；

(3)若点 O 在 $\triangle ABC$ 的外部，$AB=AC$ 还成立吗？请画图说明。

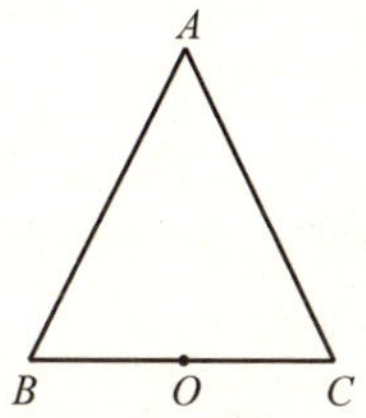

图 3.5

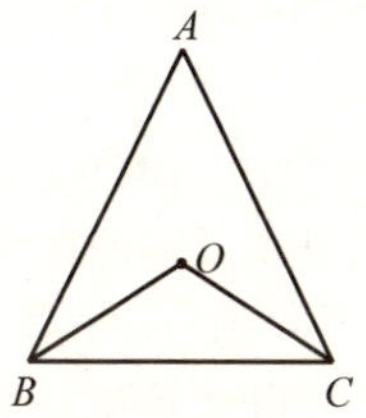

图 3.6

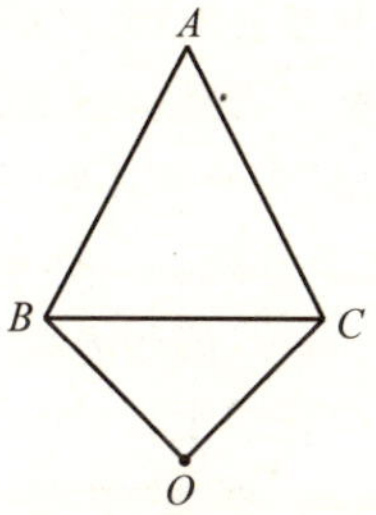

图 3.7

在出示例题后，教师首先抛出了这样一个问题——“点 O 到 $\triangle ABC$ 的边 AB、AC 所在直线的距离相等”在图中如何反映出来呢？在个别学生发言之后，教师在图 3.5、图 3.6 中，分别过点 O 向 AB、AC 作垂线段……然后在教师详尽分析之后，第(1)、(2)小题得到了解决。接着，教师在黑板上画出了图 3.7，并作出了这样的旁白：由于点 O 在 $\triangle ABC$ 的外部，且点 O 到 $\triangle ABC$ 的边 AB、AC 所在直线的距离相等，且 $OB=OC$，所以只可能为图 3.7 的情形。你们会仿照第(1)、(2)小题作出辅助线并给予证明吗？

当全班同学证明 $AB=AC$ 之后，教师给出了如下的归纳与总结：由第(1)、(2)、(3)小题，我们可以得知，不论点 O 处于什么位置，在 $\triangle ABC$ 的边上、内部或外部，只要符合两个条件——点 O 到 $\triangle ABC$ 的边 AB、AC 所在直线的距离相等，且 $OB=OC$，我们就可得到 $AB=AC$，即 $\triangle ABC$ 为等腰三角形。

【案例剖析】深入分析案例中这位老师的上课风格，可以看出，教师在教学中过于强势，课堂控制欲太强——也许是出于这是一节公开课的考虑，教师生怕学生的回答出错，从而导致课堂难以朝着预设方向推进，因此教师始终不肯放手让学生独立思考与探索，整节课尽管表面上师生配合默契，局部对答如流，整体教学流畅，但是，由于教师控制欲太强，导致课堂缺乏学生思维的深度参与，课堂上难以看到真正的教学生成。其实，鉴于学生基础较好，这道例题的第(1)、(2)小题其实完全可放手让学生自主完成，然后请学生代表上台汇报交流自己的解题思路。如此改进之后，相信课堂教学的有效性一定会得到明显提升。对于第(3)小题，难道真的像那位老师所说的只有图 3.7 这一情形吗？事实上，如图 3.8 的情形也符合题意，不过证明过程需要修正。即使是图 3.7 的一个小的变式——将点 O 往上平移一定距离之后，尽管点 O 还在$\triangle ABC$ 的外部，但是过点 O 向 AB、AC 作出垂线段，其垂足的位置会发生一定的变化，而这些小的变化可能会对后续的证明产生一定的影响。

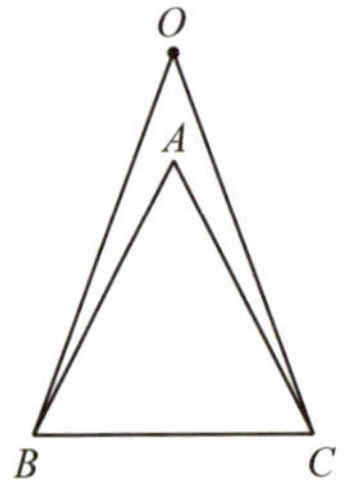

图 3.8

再更进一步思考，“$AB=AC$”一定成立吗？能否画出一个符合题设的图形，而 $AB\neq AC$ 呢？我们不妨从条件出发作进一步分析：一方面，从条件“$OB=OC$”可以得知，点 O 一定在 BC 的垂直平分线上；另一方面，满足条件“到$\triangle ABC$ 的边 AB、AC 所在直线的距离相等”的点却不一定在$\angle BAC$ 的平分线上，还可能在$\triangle ABC$ 的外角平分线上，如图 3.9 所示，虽有$\angle 1=\angle 2$，由此得到“点 O 到$\triangle ABC$ 的边 AB、AC 所在直线的距离相等”，由于点 O 在 BC 的中垂线上，故 $OB=OC$，但“$AB=AC$”却显然不成立(因为点 A 不在 BC 的中垂线上)。由此可见，本节公开课上，由于教师对例题条件本身的理解深度不够，从而造成科学性错误的出现。

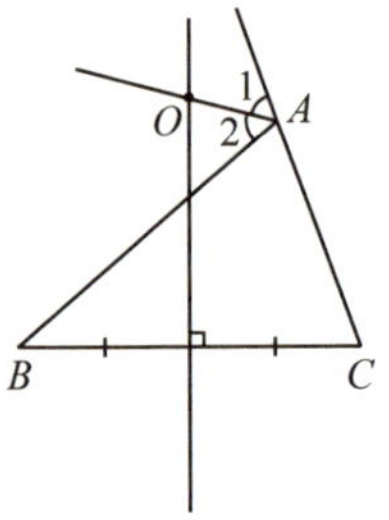

图 3.9

其实，课堂的偶尔出错并无大碍，问题的根源在于教师的教学行为与教学理念之间的落差——课堂上，谁才是学习的真正主体？毋庸置疑，答案是“学生”。然而，具体教学实践中能否得到真正落实呢？

就课论课，虽然课堂上也有不少学生积极发言，但是由于教师总是把例题分析得足够细致，让学生更易上手。这样造成的结果是，从表面看，数学问题能得到了快速“解决”，课堂看似高效，但实质上真的有效吗？未必！当教师习惯性地把学生当做接受知识的容器时，学生的思维就会受到潜移默化的弱化，他们总是在习惯性地等待教师对问题的剖析，他们总是认为教师的答案一定是正确的。要知道，不带批判性的学习是浅层次的，没有思维容量的数学课是乏味的。这样的课堂，教师习惯于过多引导，一旦教师自身预设或思考深度不够，往往会造成误导。这样的课堂，学生的独立分析问题、解决问题的能力终究难以得到大幅提升。久而久之，学生的创新能力必将丧失殆尽。

解题教学不仅要教解题活动的结果(答案)，而且要呈现解题活动的必要过程——暴露数学解题的思维活动。没有过程的结果是现成事实的外在灌输，没有结果的过程是学习时间的奢侈消费。因此，课堂上，教师应该大胆放手，关注生成，重视生成，从而让学生能在课堂上暴露思维，迎接挑战，体验快乐。例如，在例题教学中，教师大可不必过早地引导解题思路，而应给足学生思考的时间，之后，设计一些诸如此类的提问："读完题，你有哪些想法？""条件是什么？你能想到与之有关的性质或可能有用的定理吗？""观察结论，要证此结论，我们只需证明什么？"……当问题得到解决之后，再设计一些这样的提问："还有补充吗？""还有其他解法吗？""还有没有其他可能呢？"……

回到这节公开课上，对于例题的第(3)小题，题目没有配图形，教师不该在黑板上直接补充图形。要知道，为什么如此编制？自有其中的道理。此外，第(3)小题并非让学生证明"$AB=AC$"，而是问"$AB=AC$还成立吗？请画图说明。"试想，如果要教师帮学生画图，那还不如直接在题中给出相应图形。由此可见，此题的画图比证明更重要。教师应该让学生自己尝试画出符合条件"点O在$\triangle ABC$的外部""点O到$\triangle ABC$的边AB、AC所在直线的距离相等，且$OB=OC$"的图形。如有必要，还可组织小组讨论，看是否存在多种可能。如此设计下，即使教师对例题理解不够，没有考虑到图3.9的情形，但是在作为复习课的这节课上，四五十名学生的智慧未必不如教师。经独立画图、小组交流之后，学生的思维一定会更加活跃，创新欲望一定会更加强烈，此情此景下，很有可能会有学生想到如图3.9所示的反例。

数学是思维的科学，学习数学是为了培养人的思维。数学学习不应是简单的"告诉"，而应是学生个性化的"体验"。从另一个角度看，学生总是有差异的。把问题嚼烂了喂给学生，最多只会教出平庸的听书人。而课堂上的放手，你一言我一语，甚至七嘴八舌，有思维参与的教学生成，倒能不时激发思维，让"先知先觉者"带动"后知后觉者"一起体验过程，进而越来越多的学生都能感受到成功的喜悦。所以说，教学生成是有效学习的呈现。数学课上，关注教学生成必能促进学生的思维参与，必能促成学生更好地发展。假如课堂上我们多给学生一点空间，多关注一点教学生成，也许那位老师的公开课可以完美许多，也许学生会比我们所想象的聪明许多，也许孩子们的学习生活会变得灿烂许多。

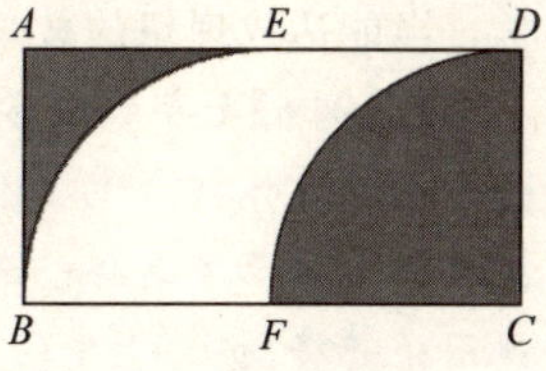

图 3.10

【案例 5】在"图形的平移"一课的课堂上，教师利用课件出示了这样一道例题："如图3.10，在长方形$ABCD$中，$AB=1$ cm，$AD=2AB$，E、F分别为AD及BC的中点，求阴影部分的面积。"教师虽然在课件中作了充分的预设，但是课堂上并不急于使用课件演示解题的思路，而是让学生先独立思考几分钟，接着安排前后四人小组交流解题思路，最后请学生代表上台讲解，在学生代表讲解之后，仍有个别学生理解不够。在这种情况下，教师通过键盘操作，屏幕上扇形区域的阴影部分缓缓地向左平移，直至与左侧的阴影部分合成一个完整的正方形。看到这里，那几名学生纷纷表示懂了……

【案例剖析】从所描述的课堂流程看，教师对这节课的设计做了精心的预设，包括课件的设计。在实际教学中，教师并不急于展示自己精心制作的教学课件，而是对课件“按兵不动”，让学生尽情地发表观点。试想，如果教师一上来就操作课件，进行动画演示，那么学生的思维如何谈得上发展？也许直接进行动画演示效率更高，但是缺乏思维的参与难以促成真正的数学理解，不顾教学生成的课堂推进难以促成有效学习的落实。抓住有效学习的本质去进一步思考，假如课堂上在动画演示之前全班学生对此题都能彻底理解，不演示又何妨？换句话说，预设的未必就一定需要实施，一切还得看课堂推进过程中的实际需要。

有效教学需要精心预设，但是并不等于把预设照搬到课堂，而是根据课堂的实际进展情况适时地落实预设。从这个层面去理解的话，教学生成远比课前设计重要得多。只有关注到了教学生成，才能真正达成预设的教学目标。课前设计体现了教师对学科教学的理解，而课中实践则是学习活动的真正落实。在预设中，教师应尽可能全面地对课堂进行通盘考虑。在实践中，教师应始终坚持落实教学生成是有效学习的呈现这一基本理念。有了这样的理解与定位，教师才有可能真正地把预设与生成有效地整合成一体，从而让学生在课堂上得到最大地发展。

第四节　要从有效的角度审视课堂生成

通过前文的剖析，我们知道，有效教学要让学生真正参与课堂学习。在追求有效教学的过程中，我们既要注重预设，也要关注生成。这是因为，精心预设是有效教学的保证，教学生成则是有效学习的呈现。课堂教学中，教师不能一厢情愿地把课堂教学行为变为教学设计的展示过程，而应时刻关注学生在课堂上的即时反应，时刻关注课堂的即时生成。为此，教师在教学设计中既要有一定的预设，也要为课堂教学的即时生成留下一定的时间与空间。然而，实际课堂教学中，不少教师面对课堂教学生成，往往处理得过于随意，甚至可以说是肆意发挥。这样天马行空的教学，岂能达成理想的教学效果？

【案例 6】七年级数学《从不同方向看》新授课上，在结合正方体及由若干个正方体搭成的立体图形等例子了解了三视图的相关概念之后，执教老师出示了这样一道例题：如图 3.11 为一个圆柱，请画出它的三视图；若将图 3.11 中的圆柱沿纵截面切去一半，如图 3.12所示，请画出它的三视图。

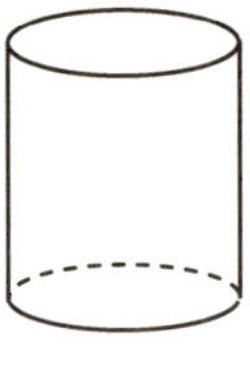

图 3.11

对于图 3.11 中的圆柱，学生几乎不假思索地就得出了正确结果，如图 3.13 所示。而对于图 3.12 这个立体图形的三视图，部分学生在画左视图时出现了一点障碍，但在教师的引导下，也较快地得出了正确的答案，如图 3.14 所示。

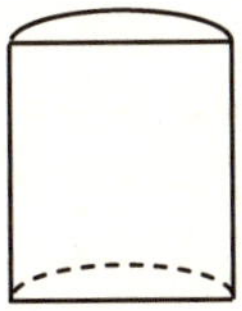

图 3.12

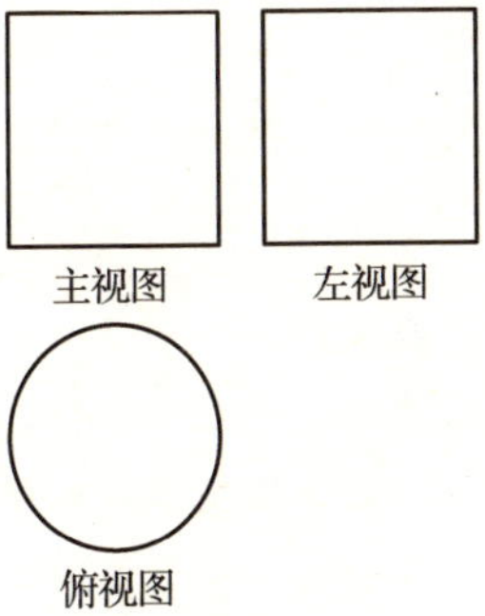

图 3.13

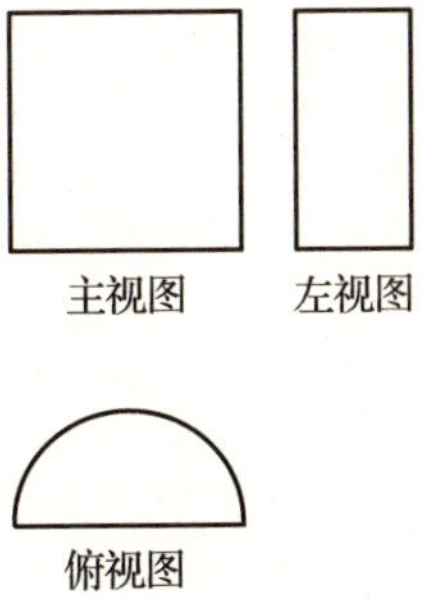

图 3.14

考虑到刚才有部分学生在画图 3.12 中的立体图形的左视图时出现障碍，为了进一步检验这部分学生是否真正理解，于是教师就接着问："假如把图 3.12 中的立体图形再多切掉一点，结果又如何呢？"这一次，学生反应非常积极，有些学生指出了左视图需再作修改，也有学生指出主视图、左视图、俯视图都需修改……这时，突然有一学生发问："老师，我在想，如果不是竖直了切的话，三视图就不该是这样的了。"教师愣了一下之后，意识到了刚才的话语不够严密，于是马上纠正："不好意思，刚才老师说得不够完整，确实应该是竖直切的。"

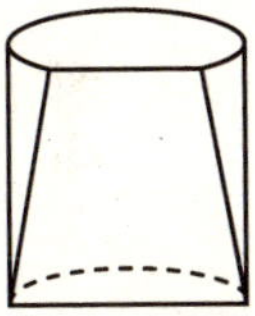

图 3.15

在问题解决之后，过了一会儿，执教老师在黑板上又画了一张图，如图 3.15 所示，然后说："刚才那位同学提出了一个很好的问题，如果我们把图 3.11 中的圆柱沿斜截面切去部分，如图 3.15 所示，你能画出它的三视图吗？"

接下来的课堂，就是在师生的共同分析下，得到了如图 3.16 所示的结果。

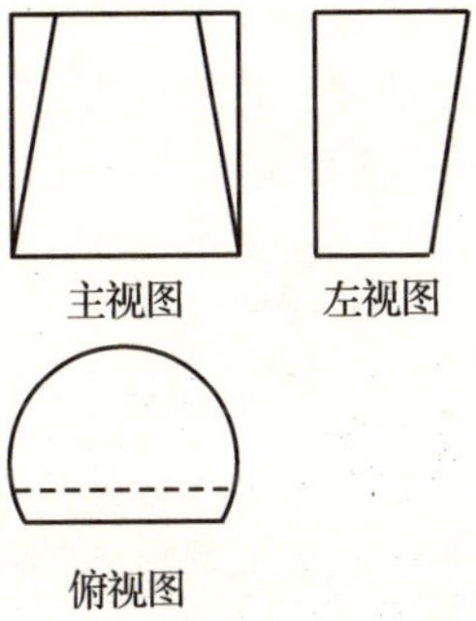

图 3.16

【案例剖析】在这节课的教学设计中，教师安排了如图 3.11、图 3.12 的两个立体图形，要求学生能画出相应的三视图。其中，图 3.11 中的为常规题，图 3.12 为图 3.11 的变式，略比图 3.11 中的要难一点。课堂上，考虑到实际教学生成中的问题——部分学生画左视图时出现障碍，对此，教师为检验评讲完毕之后学生的掌握率，于是继续变式训练——"再多切掉一点"。随之，引发了后面的学生质疑。纠错后，教师似乎觉得意犹未尽，于是通过对原题进行一定的改编，在黑板上给出了图 3.15，即时性地编了一道新题。殊不知，教师所提供的图 3.15 本身就不符合实际操作结果——斜平面截圆柱应该得到一个椭圆或椭圆的一部分，而不是梯形。也就是说，这堂课上执教老师出了一道错题，最后所得到的答案(图 3.16)当然也是错误的。由此可见，课堂教学生成，岂可肆意发挥？这节课上，由于教师面对课堂教学生成主观臆断，最终导致课堂上即时地编制了一道错题，最后竟然还能“得到”所谓的答案。于是，好好的课堂变成了一段冷笑话，虽然学生似乎还未察觉。

有效教学，固然需要重视教学生成，但是，度的调控、把握也很重要，肆意发挥的所谓生成，绝不可能促成真正的有效教学。数学是一门科学，同样，数学教学本身也是一门科学，科学讲究严谨。课堂上的随意发挥，往往在念头产生之初就已经埋下了祸根。课堂上，我们面对的对象是接受教育的学生。任何的马虎随意，都有可能产生不良的教育后果。所以，我们需要重视教学生成，但并不等于可以肆意发挥。教学生成，需要我们理性地把握时机科学调整教学预案，哪怕因此而难以实现预定的教学计划。但是，决不允许我们因对教学生成的片面理解而践踏科学。

第五节　生成性课堂更需要教师过硬的专业素养

显然，教师专业素养是课堂生成的有效支撑。试想，教师如果没有足够的专业素养的积淀，课堂上怎么能从容面对？又怎能抓住稍纵即逝的教育契机？怎能将关注生成落实于课堂实践？而教师专业素养，则包括学科专业方面的素养，也包括教师教育理念方面的素养。所以，教师应在这些方面不断修炼提升，以更好地提升自己的课堂把握能力。

【案例 7】在八年级数学“梯形”章节复习课上，教师给出了这样一道例题：如图 3.17，在梯形 $ABCD$ 中，$AD/\!/BC$，$\angle B=40°$，$\angle C=70°$，试说明 $AB+AD=BC$。

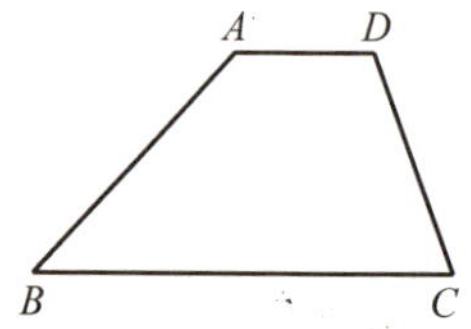

图 3.17

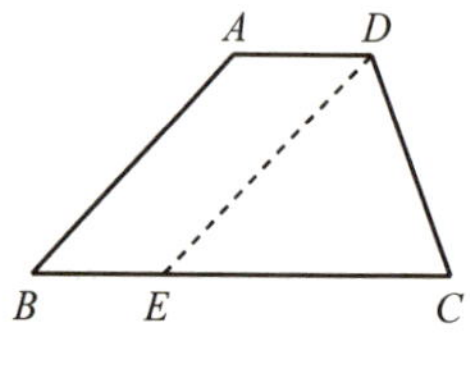

图 3.18

题目呈现之后没多久，就有不少学生想到了添设如图 3.18 所示的辅助线(过点 D 作 $DE/\!/AB$ 交 BC 于 E)，于是这道例题很快地得到了解答。也许教师觉得这道题的解答过于顺利，于是就问：“你们是怎么想到添这条辅助线的呢？”有的学生说：“老师，你不是教过吗？有关梯形的题目一般都是这样添辅助线，从而把梯形转化为一个平行四边形和一个三角形。”也有学生说：“我是考虑到这道题的结论 $AB+AD=BC$，于是想到把线段 BC 拆成两段，使得其中一段等于 AD，另一段等于 AB，而这样添辅助线，恰好 $BE=AD$，而 $AB=DE$，如果能证到 $DE=EC$ 的话，那么问题就解决了。事实上，根据题目中给出的角度，我们可以得到 $\angle C=\angle EDC$，所以 $DE=EC$ 成立……”

学生回答的多好啊！可是，也许教师觉得学生把本该自己说的话说掉了，于是就想要故意为难一下学生，说：“现在题目是要我们说明 $AB+AD=BC$，但如果我把题目改一下，在原题条件下，再给出梯形的三条边长，比如，$AD=3$，$AB=6$，

$CD=5$，你能求出梯形 $ABCD$ 的周长吗？”

教师话一说完，马上有许多学生表示：“容易，容易……”，甚至有学生直接报出了答案：“周长为 23。”看到这情境，教师接着说：“由于有了前面这道例题，所以你们觉得容易，如果没有的话，能那么快地想到 $AB+AD=BC$ 吗？”这下子学生高涨的气氛终于被压住了，教师也为自己的临场发挥自鸣得意了一番……

【案例剖析】这道例题，难点在于辅助线的添设。假如学生想到这条辅助线，那么本题的难点也就化解了：由于题中梯形 $ABCD$ 中 $\angle B$、$\angle C$ 的度数的特殊性，恰好能构成等腰 $\triangle DEC$，于是不难求得 $EC=DE=AB$，故而 $AB+AD=BC$ 成立。课堂上，学生的表现很不错：不少学生在题目呈现不久就想到了解题思路。接下来，教师的追问（“你们是怎么想到添这条辅助线的呢？”）也促成了学生思维的深度发展。学生的后续回答精彩极了！学生这样的表现，教师本该加以表扬。可是，教师却“觉得学生把本该自己说的话说掉了，于是就想要故意为难一下学生”，可谁知，接下来所衍生出来的问题并没难倒学生，许多学生马上表示“容易，容易……”怎么办？教师拿出了杀手锏终于把学生高涨的气氛压住了。

案例的前半部分，师生表现均很出色：先是学生表现了良好的数学解题能力，接着教师生成性的一句追问把课堂推到了一个新的高度，学生的思维瞬间被激活，学生给出了多么漂亮的回答！

可惜的是，接下来教师的表现实在不尽如人意，至少表现在以下两个方面。

第一，教师对有效教学的理解有偏差。也许，教师觉得有些话得自己来说才显得权威，所以当发展到学生成为真正的课堂主角之时教师似乎有点不悦。要知道，学生思维的深度参与，正是课堂活动的核心体现、最佳体现。而且，这样的场景，还是难以预设的。这堂课上，恰好生成了这么好的契机，假如此时教师对表现突出的学生加以大力表扬，相信学生的学习热情瞬间就会被提升到一个新的高度。可是，教师却在自己的强势主导下，让课堂朝另一个方向发展……

第二，教师的学科素养存在一定的问题。对于教师即兴生成的衍生问题，表面上看，当给出 AD、AB 的长度之后，即能求出 BC 的长，再加上 CD 长已知，于是周长就可以求得了。似乎条件充分，解答无误。然而，真的如此吗？其实答案是否定的！因为题目中有一个很大的漏洞。我们不妨来分析 $\triangle DEC$，由 $\angle DEC=40^\circ$、$\angle EDC=\angle C=70^\circ$ 可知这个三角形的形状被确定了，再加上 $EC=ED=6$，其大小也被确定了。换句话说，由以上条件可知 $\triangle DEC$ 是一个形状、大小都已确定的三角形（根据三角函数的相关知识，可求得 $CD=12\cos 70^\circ$），CD 边长又怎能再随意给定？也就是说，以上各个条件之间产生冲突。冲突造成的深层原因，其实就是教师学科素养修炼不够的体现。由此可见，课堂教学中，教师对于一些问题进行拓展延伸时，一定要以过硬的专业素养作支撑，否则就会造成一些科学性错误的产生。

按照预设照本宣科推进式的教学，难以体现以生为本的教学理念，面对课堂生成即兴发挥又对教师提出了更高的要求。所以，教师既要在教学设计之初充分考虑教学内容与学生的实际情况，又要注重修炼自己的专业功底，从而做到课堂上心中有学生，胸中有底气。

【案例 8】在“实数”新授课上，在给出了无理数的概念之后，班级中的学生都了解了无限不循环小数就是无理数。但在解答后面的判断类练习题时，突然，学生甲就像发现新大陆似地提出了自己的观点：“老师，我有不同想法，我认为$\frac{22}{7}$是无理数。”

这时，教师并不急于评价，而是把问题抛给了其他学生：“其他人认为呢?”

话一说完，学生乙站起来反驳道：“整数和分数统称有理数，$\frac{22}{7}$是分数，当然是有理数，一个数不可能既是有理数又是无理数，所以$\frac{22}{7}$肯定不是无理数。”

看着有人争论，教师反而变得更不着急了，继续“煽风点火”似的对学生甲说：“你辩得过他吗?”

学生甲觉得学生乙所说的有道理，但还是不服气地阐述着自己的观点：“虽说一个数不可能既是有理数又是无理数。但是，无限不循环小数是无理数，那么$\frac{22}{7}$若化成小数，有没有可能是无限不循环小数呢?”

片刻宁静之后，学生丙站起来辩论：“不可能，如果是无限不循环小数，那么$\frac{22}{7}$就是无理数，而这显然与‘整数和分数统称有理数’相矛盾，因此不可能。”

面对这架势，学生甲不知道怎么辩了。这时学生丁站了起来，说：“我刚才计算了一下，$\frac{22}{7}$是一个无限循环小数，但是说不定其他有些分数化为小数恰好是无限不循环小数呢?”

听到这里，下面许多同学或动笔，或用计算器……

学生乙站起来说：“不可能，我试了好几个，要么是有限小数，要么是无限循环小数。”

看到学生乙又来插话，学生甲还是不服气，反驳道：“你又没有把所有的分数全部试过，怎么知道不存在化为无限不循环小数的分数呢?”

又是几分钟的宁静，这时，教师介入了课堂，在黑板上写下了$\frac{n}{m}$(其中m、n为整数，且$m\neq 0$)，然后进行如下分析：显然，对于负分数只存在一个符号问题，我们不必讨论。只需研究m、n是正整数的情况。而且，由于假分数可以化为一个整数加上一个真分数的形式，所以我们以下只针对正真分数的情形进行分析，即$m>n>0$。在把$\frac{n}{m}$化为小数时是利用除法运算：$n\div m$，显然，在进行除法运算时，余数的取值对于我们研究的问题影响至关重要，我们知道：每一步所得肯定是一个小于m的整数，如果余数出现0，则运算结束，此时$\frac{n}{m}$为有限小数；如果余数永不出现0，则余数一定为1，2，3，…，$m-1$中的某一个，且此时$\frac{n}{m}$一定为无限小数。由于有无限个余数，而余数的种类最多只有1，2，3，…，$m-1$这$(m-1)$种，所以余数一定会出现重复。而余数一旦出现重复，由除法运算规则可知，后面将出现循环，此时$\frac{n}{m}$化得的结果为一个无限循环小数……

最后，在教师的引导、学生的思考与分析下，问题得到了圆满地解决——分数不可能是无限不循环小数。也就是说，分数不会是无理数。

【案例剖析】相比于案例7，案例8中的教师对教学生成的调控显然高明了许多，进而也可看出其专业素养要高出许多。这位教师对课堂即时性的教学生成的把控能力极强。面对学生的突然质疑，教师非常淡定，不慌不忙，并不急于表态，而是听任甚至“煽风点火”地鼓励学生“争论”。因为，教师觉得在这种生成性的教育资源下，这是学生参与课堂活动的最好方式。接着，在教师的引导下，数学课堂演变为生生、师生的研讨课，学生的思维始终处于活跃的思辨状态之中……从教师在处理课堂教学生成之时所表现出来的淡定看，我们至少可以得出以下两个结论：一是这位教师对有效教学有本质理解；二是这位教师在教学设计之时有充分预设准备，并且有深厚的数学专业功底作支撑，故而面对课堂上的意外生成，显得非常从容。试想，教师若没有较高的专业素养，面对学生的追问，还真不容易给出合理的解释，因为在这个问题的处理过程中极易犯下循环论证说理的错误。

数学课堂的教学生成，考量着教师的智慧。有效教学，需要教师拥有较高的专业素养。书到用时方恨少，所以，为了能够轻车熟路地驾驭课堂，教师有必要加强学习，更新教育理念，提升学科专业水准。“业精于勤而荒于嬉，行成于思而毁于随。”为了能使自己具备抓住教育契机的本领，从而促进教学的有效性，我们有必要勤练基本功，提高专业素养；并在实践中学会自我反思，以不断提升自己的综合专业素养。

第六节　对话教学体现出丰富的内涵

让学生参与教学，是课堂活动的核心。《课标(2011年版)》明确指出，“教学活动是师生积极参与、交往互动、共同发展的过程。有效的教学活动是学生学与教师教的统一，学生是学习的主体，教师是学习的组织者、引导者与合作者。”同时，《课标(2011年版)》还指出，“实施教学预案，就是把‘预设’转化为实际的教学活动。在这个过程中，师生双方的互动往往会‘生成’一些新的教学资源，这就需要教师能够及时把握，因势利导，适时调整预案，使教学活动收到良好的效果。”在推进课堂进程的过程中，伴随互动生成新的资源，其中离不开对话。当然，这个对话可以是师生之间的，也可以是生生之间的。在抽丝剥茧的对话中，一层层挖掘教学的内涵，从而促成有效教学目标的达成。

【案例 9】在“三角形的全等”的一节习题课上，教师利用课件出示了这样一个问题：如图 3.19，已知四边形 $ABCD$ 中，$AB=AD$，$\angle B=\angle D$，求证：$BC=CD$。教师在课件中预设了这样的辅助线添法——连接 BD。原先打算稍作分析得出解题思路之后，教师再通过点击鼠标，显示辅助线。可谁知，题目刚呈现，就有学生说：“简单，简单。”接着就有了如下的一段对话：

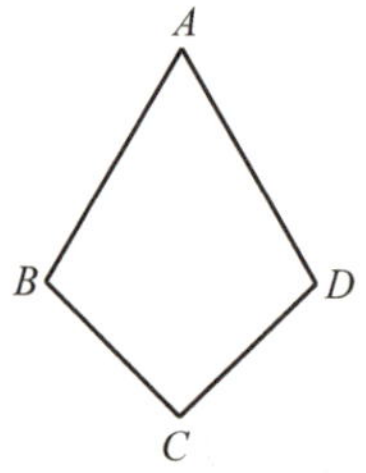

图 3.19

教师：请谈谈你的想法。

学生：老师，只要连接 AC，再证明 $\triangle ABC\cong\triangle ADC$ 就行了。

教师：能谈谈你是怎么想到如此添设辅助线的吗？

学生：题目已经给出两个条件“$AB=AD$，$\angle B=\angle D$”，若连接 AC，则 AC 恰为公共边，根据三个条件就可得到 $\triangle ABC\cong\triangle ADC$，从而也就证得 $BC=CD$ 了。

在学生作答的同时，教师在黑板上画了相应的图形，并在图上将 AB 与 AD、$\angle B$ 与 $\angle D$ 分别用相同的符号作出标识（如图 3.20）。看到这一图形，许多同学举手示意无法证明 $\triangle ABC\cong\triangle ADC$。刚才作答的同学似乎有点不好意思地站了起来：“老师，我明白了。由‘$AB=AD$、$\angle B=\angle D$、$AC=AC$’这三个条件是无法得到这两个三角形全等的。”

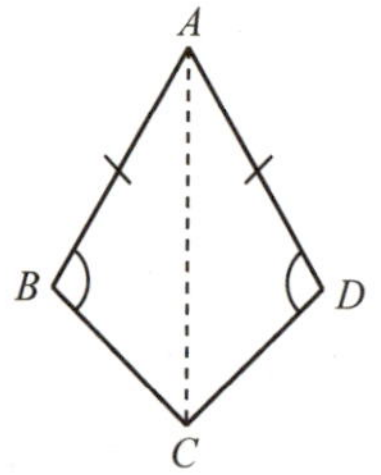

图 3.20

……

【案例剖析】案例中的这位老师，原本在课件中预设了正确的辅助线添设方法（连接 BD）。然而，课堂上题目刚呈现，就有学生觉得很简单。此时，教师显然没有必要直接讲解思路，于是就产生了后续的对话。这样的处理，表面上似乎延迟了课堂展开的进程，实质上却较好地引发了学生的思辨，最终收到了良好的教学效果。这节课之所以成功，关键就在于教师在切实践行“以生为本”的理念。当学生的分析思路出现偏差时，教师不急于否定，而是在黑板上按照学生的想法画出相应的图形，并作出标识。在师生的对话之余，教师同步进行了板书，看着直观的板书，学生马上意识到了问题所在。

试想，如果教师不能真正做到以生为本，那么，当课堂上学生的解题思路出现方向性错误之时，当课堂生成与课前预设产生冲突之时，教师也许就会优先考虑自己所设计的课件是如何安排的。而案例中的老师，则始终把学生放在首位。“能谈谈你是怎么想到如此添设辅助线的吗？”多么平和的语气！如此庄重和谐的氛围，非常有利于学生说出自己的所有想法。数学课堂需要暴露学生的思维，包括一些错误的想法。而对话，恰好能够展示学生的思维，从而揭示教学的内涵。试想，假如没有教师对学生的时刻关注，一次次的契机又怎能被抓住？假如教师不具备组织对话的意识与技能，这些目标又如何实现呢？

数学探究，经常需要不断尝试与深化。如何尝试？是否允许失败？如何看待尝试失败？不少教师，总是担心学生出错，总是期待着学生走进教师预设的“圈套”。其实，课堂上学生在探究问题过程中的尝试失败，正是极佳的教学资源。正如案例中，教师借助了这样的资源，做足了文章：按照学生的错误思路在黑板上画图后对照图形去分析，在教师的示范作用下，学生恍然大悟。更为重要的是，通过师生之间的对话，或者生生之间的对话，可以促进学生加深对数学知识的认识与理解。

【案例 10】一次数学课上，需要解决这样一道应用题：“现有 24 人分别乘两辆小面包车赶往火车站，其中一辆小面包车在距离火车站 15 km 的地方出了故障，此时离火车停止检票还有 42 min，这时唯一可以利用的交通工具只有一辆小面包车，连司机在内限乘 13 人，这辆小面包车的行驶限速为 60 km/h。问：这 24 人都能赶上火车吗？”

同学们经过分析，比较轻松地得出了答案：小面包车的速度为 60 km/h 也就是每分钟行驶 1 km。从出故障处载第一批人到火车站有 15 km 路程，需 15 min，然后从火车站回到出故障处又需 15 min，最后载另一部分人赶往火车站还需 15 min，即第二批人赶到火车站需 45 min，由于相差“3 min”而赶不上火车检票截止时间。

这时，教室里突然有一名学生(学生 A)嘀咕了一句：“仅相差 3 min，实在太可惜了！”

接着这名学生的话，教师说了句：“那有没有办法解决这一矛盾呢？”

接下来教室里便展开了一场“辩论”：

学生 B：“让其中一车人改乘出租车或打个电话再叫辆汽车来。”

学生 C：“不行！题中有一条件‘这时唯一可以利用的交通工具只有一辆小面包车’，我们对问题的解答都要符合题意，所以你的方法违背了题意，不能采用。”

学生 D：“24 人挤一挤，乘一辆车去火车站就可以了。”

学生 E：“不行！挤不下的，再说警察看到要罚款的。”

学生 F：“那就让司机车子开快一点，只要能省 3 min 即可。”

学生 E：“也不行！超速行驶与超载一样，也是违反交通规则的。”

这时，教师插了句：“很好！每个公民都应遵守交通规则，学生 E 牢记在心，值得表扬。”话一说完，教室里响起了热烈的掌声。

“这也不行，那也不行，看来这 24 人真的不能都赶上火车了。”学生 G 垂头丧气地说道。

“谁说的？”学生 H 站了起来，“题中虽有条件‘这时唯一可以利用的交通工具只有一辆小面包车’，但交通方式也可以是步行嘛！”

学生B也站了起来，他说道：“这更不行。步行的速度太慢，那车人下来步行15 km用42 min是不够的。”说完，他坐了下去。

学生H继续站着说：“我不是这个意思。我不是让他们走完15 km，而是小面包车先将第一批人送达快到而未到火车站的某处，让他们下车步行前往火车站，这辆面包车再回去接后一部分人，在此期间，这后一部分人也可以先步行一段路……”

“我懂了。”学生B说。

“我也懂了。”“我也懂了。”……同学们纷纷举起了手。

学生I站了起来，他说：“办法确实好，但小面包车将第一批人送到哪里下车呢？能保证省出3 min而两批人都能及时赶上火车吗？不要到时第一批人反而来不及走到火车站。”

学生A这时说道：“我从课外书上看到人的步行速度大概为每小时4～5 km。”

……

最后得出一致结果是推翻了前面的所谓“标准答案”——“这24人是赶不上火车的！”正确答案为：这24人应该是都能赶上火车的！

【案例剖析】多么精彩的教学片段！在这一教学片段中，教师几乎就是一个“旁观者”，然而课堂进展井然有序。是什么让课堂变得如此精彩？对话！在这节课上，在学生A的一句嘀咕之后，教师因势利导，适时调整教学预案，最终让学生之间的对话把课堂推向了高潮，并在对话中真正体现了教学的内涵——数学强调应用，脱离生活的数学是僵化的数学，真正的数学是应与生活紧密结合的，如果我们在关注课本的同时关注生活，那么我们就会真正做到学以致用。“交通方式也可以是步行嘛”，多么通俗易懂的话语，由此引发的一系列的对话，让学生的思维走向了纵深。

《课标(2011年版)》指出：“学生学习应当是一个生动活泼的、主动的和富有个性的过程。除接受学习外，动手实践、自主探索与合作交流同样是学习数学的重要方式。”关于初中学段的目标，情感态度方面要“敢于发表自己的想法、勇于质疑，养成认真勤奋、独立思考、合作交流等学习习惯，形成实事求是的科学态度。”

其实，结果固然重要，但是得出结果的过程同样重要。通过对话，通过对这种实际问题的解决及这种辩论式的解决方式，在思维碰撞过程中进行思维的调整和反思，能够较好地发挥学生的思维监控能力和思维品质。在对话中成长的孩子，具有独特的思维品质，这些品质将促成其发展为充满灵气与创造力的适应未来社会所需要的人才。

总之，数学课堂，既要有充分的设计准备，也要时刻关注即时生成。既要关注学生的学习结果，也要关注学生的学习过程。正因为有了意想不到的教学生成，所以课堂才越发精彩。但是，精彩的背后，需要教师智慧与专业功底的奠基。

第四章
数学学习的核心是发展思维能力

第一节　有知识的积累更需有能力的提高

《课标(2011年版)》在课程总目标中明确提出："通过义务教育的数学学习，学生能获得适应社会生活和进一步发展所必需的数学的基础知识、基本技能、基本思想、基本活动经验。学生能够体会数学知识之间、数学与其他学科之间、数学与生活之间的联系，运用数学的思维方式进行思考，增强发现和提出问题的能力、分析和解决问题的能力。"由此可见，数学教学已经从传统的注重基本知识技能，发展为基本知识技能和思维能力并重。在数学学习过程中，知识技能的掌握是显性的，是数学学习的"明线"，而思维能力的发展是隐性的，是数学教学的"暗线"；掌握知识技能是发展思维能力的载体，发展思维能力是掌握知识技能的终极目标；离开知识技能的掌握来说思维能力的发展是"空中楼阁"，只有知识技能的掌握而不关注思维能力发展的教学是"鼠目寸光"。可以这样认为，知识技能与思维发展是数学教学中的"两朵金花"，它们相辅相成、相得益彰，作为教师，应该在课堂上让"两朵金花"同时绽放，这样的课堂才是有生命力的课堂。

【案例1】一节"有理数的加法(第一课时)"的部分课堂实录。

教师：小学里学过哪些运算？参与运算的数是什么数？

学生1：运算有加、减、乘、除，参与运算的数有整数、分数。

学生2：还有小数。

学生3：还有0。

教师：同学们所说的整数、分数、小数、0实际上就是正数或0，也就是非负数。而我们已经学习了负数，当运算过程中，出现负数，会对计算有什么影响呢？今天我们先从有理数的加法开始学习。你们觉得，有负数参与计算后，两个数相加，从加数的符号角度，会出现哪些情况？

学生4：两个都是负数。

学生5：还可能一个正数、一个负数。

学生6：可能是一个负数和0，也会两个都是正数。

学生7：也可能是一个正数和0相加。

教师：同学们说得很好，还有可能是0加0呢！（众生笑了。）归纳总结一下：两个都是正数或两个都是负数相加，我们称之为同号两数相加，一正一负两数相加称异号两数相加，还有我们称一个数同零相加，就两个加数的符号而言，我们分这三种情况。

接下来，教师在“足球净得分”和“笔尖在数轴上移动”两个背景中，复习了正数、负数可以表示一对意义相反的量。在“净胜球”的生活背景下，得到了如下有理数加法式子：$(-3)+(+2)=-1$；$(+3)+(-2)=+1$；$(-3)+(-2)=-5$；$(+3)+(+2)=+5$；$(+3)+0=+3$；$(-3)+0=-3$。在“笔尖在数轴上移动”的数学实验中，教师说明了在式子：$(-5)+(+3)$中，笔尖从原点出发，对应“-5”“$+3$”在数轴上的“运动”的含义，两次连续运动则用“+”表示，笔尖“运动”的结果则为计算的结果。在教师示范之后，有学生到黑板上演示的方式，有小组合作实验的方式，有先给出计算式子再“实验”，也有先“实验”，再让其他同学给出相应的计算式子，以多样的形式得出了以下加法的算式：$(-5)+3=-2$；$(-2)+(+2)=0$；$(+4)+(-5)=-1$……

教师：两个有理数相加，和的符号怎么定，和的绝对值怎么定，你发现了什么规律？能用自己的语言表达出来吗？在学生的小组讨论、学生回答以及互相修正中，逐步形成了“有理数加法法则”。紧接着，教师给出两组配套的小练习，在练习过程中，教师不断引导学生用刚才自己形成的“法则”解决问题……

【案例剖析】在《课标（2011年版）》中，注重发展学生的运算能力是数学教学的核心任务之一，运算能力不仅表现为计算结果正确，更是要求学生能“以理驭算”，寻求合理的运算途径解决问题，前者反映的是知识技能，后者反映的是思维能力。有理数加法法则是第三学段中学习的第一个计算法则，是后继学习的重要基石。通过这节课，不但要让学生明白因为负数的引入对计算产生的影响，还要让学生学会“以理驭算”，更要引导学生“理”要靠自己总结归纳，当“理”是学生归纳出来的时候，“遵守”它就会成为一种“自觉”行为。归纳“理”的过程是培养观察、归纳、表达等思维能力的过程，养成“以理驭算”计算习惯是培养理性思维的一个重要方面，只有老师参与到学生的学习活动中，这些思维能力才能得到切实培养。

学生的思维发展需要一个漫长的过程，教师在教学过程中，要能根据学生现有的认知水平，根据当下的教学内容，选择适当的教学方法。就本案例而言，面对刚刚进入初中学习的七年级学生，首先，教师为学生开启了思维的“阀门”：让学生认识到，即将要学习的内容是以已有知识——小学阶段的加法为基础的，同时也让学生发现由于有负数的加入，情况变得复杂，让学生在认知上出现冲突，两个数相加，从符号角度出现三种情况，这是小学里从未出现过的，从而“激发”学生思维的欲望。其次，教师在发展学生思维的进程中，在学生最需要的地方为学生搭上适合的思维“脚手架”。本节课主要体现在两处：一是“两个加数相加，从符号角度可能会出现三种情况”对于刚入初中不久的学生来说，这是难点，这里的“帮助”既是渗透分类讨论思想方法，也为下面的形成结论铺平道路；二是在一系列的“净胜球”数和“笔尖在数轴上移动”等活动经验、学生之间的互相讨论之后，在总结“法则”之前，教师给了学生思维的方向：“分别从‘和的符号’和‘和的绝对值’角度你有什么发现?”，并把它们表达出来。这个过程，既是对前面的符号、绝对值等知识的回顾，也是在帮学生积累活动经验：以后有关有理数的计算都应该从符号和绝对值这两个角度去思考。最后，教师要为发展学生的思维能力提供平台和机会。本节课在加法法则形成之前，教师给足了学生思维活动的时间与空间。比如让学生讨论净胜球的个数，让学生体验一次次笔尖的移动过程之后，抽象到数学式子的表达，或是给出一个数学式子，让学生再回到数轴演示笔尖的移动……思维不断地行走在数形结合之中，行走在“形象”与“抽象”之间。从练习量上看，学生做的有理数加法练习并不多，但学生的思维在加深，也许学生的“计算正确率”在这节课上不会太高，但长期坚持下去，学生的运算能力会逐步提高，因为他们不是机械模仿，而是在“言必有据”的理性思维下的计算。

【案例 2】在初三第一轮复习中，尺规作图——过直线外一点作已知直线的垂线，学生给出了多种作法(不同于苏科版课标教科书八年级上册给出的做法)，让教师叹为观止。

题目：已知直线 l 和直线 l 外一点 A，求作：直线 AB，使它垂直于直线 l。

方法 1：(1)在直线 l 上任取一点 P ，以点 P 为圆心 PA 长为半径画弧；

(2)在直线 l 上另取一点 Q，以点 Q 为圆心 QA 长为半径画弧，交前弧于点 B；

(3)作直线 AB 交直线 l 于点 O，直线 AB 就是所要作的图形。(如图 4.1)

方法 2：(1)在直线 l 上任取一点 P ，以点 P 为圆心 PA 长为半径画弧交直线 l 于点 Q；

(2)以点 Q 为圆心，QA 长为半径画弧交前弧于点 B；

(3)作直线 AB 交直线 l 于点 O，直线 AB 就是所要作的图形。(如图 4.2)

方法 3：(1)在直线 l 上任取一点 P ，连接 AP；

(2)取 AP 的中点 O，以点 O 为圆心，OA 长为半径画弧交直线 l 于点 B；

(3)作直线 AB，直线 AB 就是所要作的图形。(如图 4.3)

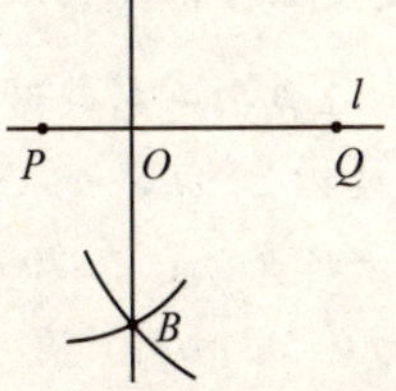

图 4.1

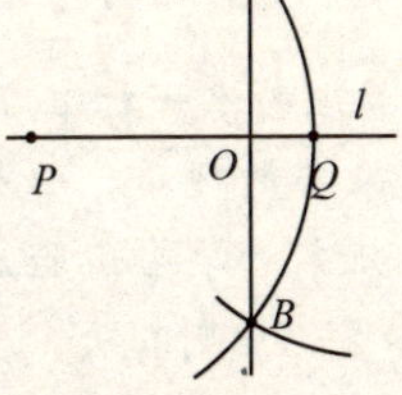

图 4.2

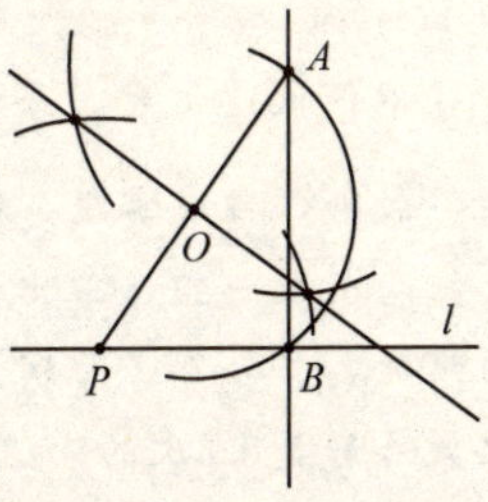

图 4.3

【案例剖析】学生的作法是在教师带领学生复习苏科版课标教科书八年级上册给出的“传统作法”，让学生说出作法背后的理论支撑（“作理”——全等三角形）之后，在教师的“同学们有自己的想法吗?”激发之下诞生的。面对第一、第二种作法，其“作理”都与“传统作法”一样，以全等三角形为知识能力的生长点，而第三种作法是以“直径所对的圆周角是直角”为理论依据的，无论是以什么知识点为理论依据，其过程都绽放出理性思维的光彩。如果说计算的过程是“以理驭算”的过程，那么，作图的过程也应该是“以理作图”。本案例中，由于《圆》的学习，加大了学生知识的厚度，在长期理性思维的“熏陶”之下，学生的作法精彩纷呈也就不奇怪了。这正体现了“知识技能”与“思维发展”并重的理想教学状态。

有效的教学应该是让学生在知识上有收获、方法上有总结、能力上有提升、经验上有积累的教学。教师要能根据教学内容，找准学生旧知与新知的切入口，为学生的思维发展创造条件。同时，让学生在掌握知识技能的同时发展思维，实现知识掌握和能力发展“比翼双飞”。

第二节　在做的过程中探寻数学奥秘

学生数学知识的掌握、技能的提高不是依靠简单的机械模仿，学生思维能力的提高更不是依赖大量的习题训练。数学的学习过程应该是一个生动活泼、主动的、形式多样的过程，认真听讲、积极思考、动手实践、自主探索、合作交流都是很重要的数学学习的方式。对于一些学习内容，必须给学生动手实践的机会，让学生在“做数学”的氛围中学习数学知识，在“做”的过程中思考问题，从而在“做数学”的过程中提升动手能力、思维能力以及发现问题、提出问题、分析问题、解决问题的能力。

【案例 3】在“概率的概念”的教学中，教师问学生：抛一枚均匀硬币，正面朝上的可能性有多大？众生一致回答：$\frac{1}{2}$。教师再问：为什么是$\frac{1}{2}$？（众生一脸不以为然。）一生回答：因为抛硬币，结果要么正面朝上，要么反面朝上，所以正面朝上的可能性是$\frac{1}{2}$。教师追问：明天要么下雨要么不下雨，依你们看，明天下雨的可能性应该是$\frac{1}{2}$，不仅仅是明天，每天都是这样，因为每天都是要么下雨要么不下雨。众生无语……教师：都说实践是检验真理的唯一标准，今天让我们一起做抛硬币游戏吧，要求：两个人一组，拿出课前准备的硬币，一人连续抛 20 次，一人记录下正面朝上的频数，并计算正面朝上的频率。学生试验后，全班交流：在 20 次中正面朝上的次数恰好是 10 次的小组并不多，少则 6 次，多则 17 次。此时，有学生提出：让我们继续做试验吧！教师继续提出与前面一样的要求：抛、记录、计算三个步骤，并提出此时要与前面的试验结果进行累计。这时，教师发现，有小组拿出两枚硬币一起抛，甚至还有一组拿出五枚，边做边说："这样效率高，抛一次就是五次呢！"看到别人"效率"如此高，有同学提出：老师，我们可以与其他小组要数据吗？……就这样，500次的试验数据很快就有了。教师再提出要求：请同学们完成下面的折线统计图：

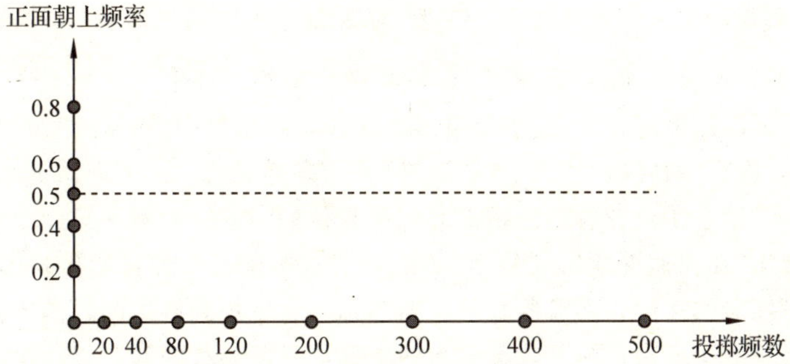

图 4.4

(在热烈的实践之后，学生回归到安静的绘图状态……)待学生绘完图，教师：注意观察你们所绘的折线统计图，把你们的发现说出来。……学生在观察、交流、讨论的过程中，得到了随机事件在大量重复试验下，会出现"稳定"性的结论。学生绘图过程中，教师发现有个别小组的数据并未出现"稳定"状态，于是把这个问题抛给了学生：××小组的数据没有出现你们的逐步"稳定"的折线统计图，你们认为这是什么原因？学生1：可能计算有误，可能收集数据的过程出现了差错。学生2：他们还可以做试验，增加试验的次数啊。教师：其实抛硬币的实验，很早之前很多科学家就投入到做试验之中，请同学们看书(苏科版课标教科书八年级下册P46表格)……

【案例剖析】美国华盛顿国立图书馆的墙壁上写有三句话：我听见了，但可能忘掉；我看见了，就可能记住；我做过了，便真正理解了。由此可见，让学生亲身经历实验操作是多么重要！抛一枚硬币正面朝上的概率是$\frac{1}{2}$，这个答案几乎没有学生不知道，可是学生能真正理解随机、概率以及概率与频率之间的关系吗？关于概率，教科书是这样描述的："随机事件发生的可能性有大有小，一个事件发生的可能性大小的数值，称为这个事件的概率。一个随机事件发生的概率是由这个随机事件自身决定的，并且是客观存在的。概率是随机事件自身的属性……通常，在多次重复试验中，一个随机事件发生的频率会在一个常数附近摆动，并且随着试验次数的增多，摆动的幅度会减小……"对于这样的描述，学生只有亲身经历，动手操作"做数学"才能产生"共鸣"，否则，对于学生只能是一纸空文。对于抛一枚质地均匀硬币，正面朝上的概率是$\frac{1}{2}$，虽然人人都知道，但如果不经过试验操作，这也只能是“假知”。教师要清楚学生常常会用简单的“二分法”，认为随机事件发生的概率是$\frac{1}{2}$的错误的“数学现实”，上课开始通过“明天要么下雨要么不下雨，则明天下雨的概率是$\frac{1}{2}$”的追问，让学生处于“愤和悱”的状态，这样为下面的“做数学”作了“情绪”上的准备，才有下面的“启和发”。而在做试验的过程中，首先20次的抛硬币，“正面朝上”的次数恰好是10的小组事实上很少。在事实面前，才能深切地感受“随机”的含义，没有“做实验”经历，对“随机”是没有感受的。这个知识更是苍白无力，是教师硬“塞”给学生。随着正面朝上的频率与他们“熟悉”的概率差距如此之大，学生自觉地提出“让我们继续做试验吧”的心理渴求，这是一种自然生长的学习状态。为了“加快”实验的速度，不需要教师任何暗示，学生想到解决问题的方法——一次抛五枚硬币算抛了五次；为了收集更多的数据，只需要教师的一点点拨，学生想到了向其他小组“要”数据，小组合作的意识不需要我们刻意“嫁接”……当教师提出有小组的实验结果出现“与众不同”时，学生分析问题的能力也不容我们小觑：有可能是收集数据、计算出现差错；还有人认为是试验次数还不够多，无论是哪种分析结果，都是学生思维的火花。整个做数学的过程，让学生真正理解了随机性、概率与频率之间的关系，经历了收集、整理、描述数据的活动过程，自然地培养了统计意识，积累了活动经验，更为学生创造了提出问题、发现问题、分析问题、解决问题的机会，体会到合作下的共同进步的快乐。

有效的课堂的标准不仅仅是学生知道了什么结论(更何况很多时候是“假知”，抛一枚均匀硬币，正面朝上的概率是$\frac{1}{2}$，几乎人人知道，那是真的知道吗?)，更重要的是着眼于学生的长远发展，而“做数学”的学习方式为学生提供了“身临其境”的环境，让知识来得更真实，让理解来得更透彻，可以让学生在“做”中“合作”，在“做”中“学”，在“做”中“思”……这样的数学学习方式可以化数学冰冷的美丽为火热的思考，这样的学习方式体现了“纸上得来终觉浅，绝知此事要躬行”的治学精神，这样的学习方式可以培养出符合未来社会需要的人才！

【案例4】下面两个活动都是通过拼图方式做数学展开的教学活动。

活动一：在《勾股定理(一)》这节课中：老师要求学生用课前准备的四个全等的、两直角边分别为a、$b(b>a)$，斜边为c的直角三角形纸片，以及两个边长分别为c、$(b-a)$的正方形纸片，拼正方形(如图4.5，4.6所示)。

活动二：在《证明》这节课中，老师让学生拿出课前准备的边长为8的正方形纸片(如图4.7所示)，提出问题：用如图4.7所示的正方形纸片能不能拼出长方形(如图4.8所示)?

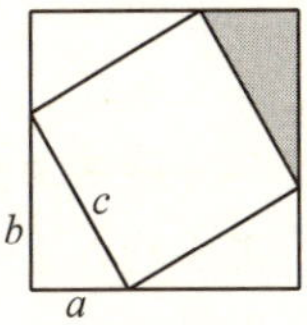

图 4.5

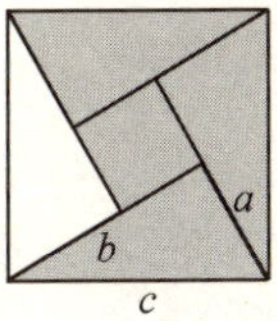

图 4.6

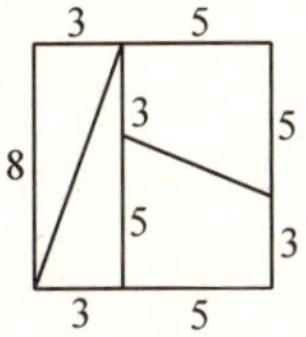

图 4.7

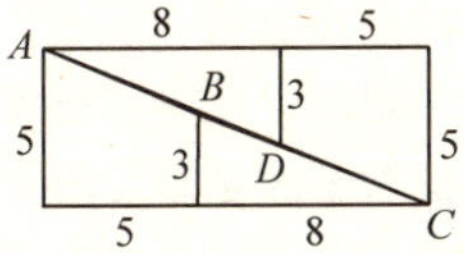

图 4.8

【案例剖析】学生在七年级时，学习整式乘法，已经经历了通过几何直观，对拼出的图形面积，可以用不同的方式“算两次”，从而推导出单项式乘多项式、多项式乘多项式以及一系列乘法公式的学习过程。对于活动一，学生在经历“拼图做数学”的过程中，能够体会到拼出的正方形的面积组成，结合以前积累的经验，推导“勾股定理”是水到渠成，无需教师多讲。学生就是自己学习的主人，让学生体会到这颗数学界“璀璨的明珠”就在自己的身边，经过不同的拼图方式，可以有多种证明方法(还可以让学生了解美国总统的证明方法，同样也是拼图证出来的)。“做数学”可以把合情推理、演绎推理巧妙地结合在一起，“做”为“思”提供基础，“思”为“做”提升方法。

再看活动二，在课堂上，学生用剪刀沿着裁剪线剪开，并“拼”出了长方形。有同学开心：因为“成功”了；有同学疑惑：拼图前后，图形的面积应该不变，可是面积由原来的 64 变成了 65，这到底是怎么回事，问题出在哪里？疑惑让不少学生加入了思考的行列，重新“审视”那拼出来的“长方形”是“天衣无缝”吗？(以前的拼图操作，出现“缝”是正常的，是实验过程中的不必考虑的部分。)这面积多出来的 1 是哪来的？学生的思维从合情推理走向了演绎推理：A、B、C、D 这四个点共线吗？对于七年级学生来说，证明它们不共线是有困难的，但随着所学知识内容的增多，平行四边形、相似三角形等知识的学习，这个认识将会越来越深刻，这正符合了思维能力的提升是一个循序渐进的过程这一规律。这个“做数学”过程让学生明白一个道理：有时候眼睛会“欺骗”自己，必须有理性的思考，才会让自己的底气更足！如果不经过亲手去拼这个“长方形”，这种体会是不会深刻的！

数学学习的过程，常常是看似很深奥的知识，通过适当的教学途径和方式，可以化难为易；同时有些似乎很浅显易懂的内容，只有深入到的“内部”，才能发现其中藏着大道理，才能把“小故事中藏着的大道理”挖出来。无论是化难为易还是深入浅出，只有让学生亲身经历这些“惊心动魄”的过程，才是有效的，“做数学”的过程，常常可以达到这样的效果。

第三节　经验需要不断地积累和提炼

《课标(2011 年版)》已经明确地把我国传统的“双基”改成了“四基”，其中“基本活动经验”是新增加的双基之一，基本理念中提出：教师应当给学生足够的时间和空间经历观察、实验、猜测、计算、推理、验证等活动过程。这说明了观察、实验、猜测、计算、推理、验证都属于数学活动，只有让学生积累了以上各种活动经验的教学才是有效的教学。我们可以认为“做数学”的过程是重观察、重实验，重在积累基本的数学操作活动经验，除此之外，在教学过程中，还得重视积累思维活动经验和运用数学知识发现、分析、解决问题的经验。

【案例 5】《字母表示数》的课堂实录。

教师：说说你们的年龄。

学生 1：13 岁。

教师：老师比你大 20 岁，老师多大？

学生 1：33 岁。

教师：今天我们以“年龄”为话题，开始我们的学习。如果丽丽比芳芳大 20 岁，丽丽多大呢？

学生 2：设芳芳 x 岁，那么丽丽$(x+20)$岁。

教师：要求丽丽的年龄，可是只知道芳芳的年龄与她的关系，我们想到用字母表示芳芳的年龄，丽丽的年龄就应运而生了。(教师揭示课题：字母表示数。)当 $x=13$ 时，丽丽与老师一样大。你认为 x 还可以取什么数？

学生 3：$x=1$，2…任意数。

学生 4：我认为一般不取小数、分数。

学生 5：不可以取负数。

教师：还有什么想法？(片刻后，教师见没同学发表意见。)x 可以取 1000 吗？

众生(笑)：不可以。

教师：看来当用字母表示数时，字母常常有取值范围。我们每天都可以看到月历，当我们用数学的眼光观察月历的时候，它能给咱们什么新发现吗？请同学们仔细观察下面的月历：

星期日	星期一	星期二	星期三	星期四	星期五	星期六
		1	2	3	4	5
6	7	8	9	10	11	12
13	14	15	16	17	18	19
20	21	22	23	24	25	26
27	28	29	30	31		

(1 分钟后，教师把月历中的数全部隐藏。)

教师：接下来，我任意选择月历中的某一区域，请你表示这一区域下的数据之间的关系。

星期日	星期一	星期二	星期三	星期四	星期五	星期六

学生6：设第一个数是a，则后面两个数可以表示为$(a+1)$、$(a+2)$。

学生7：如果设中间的数为a，第一个数可以表示为$(a-1)$，第三个数表示为$(a+1)$。

（还有同学设第三个数为a的。）

后来，教师还任选纵向连续三天、“田”字形四天和“块状”九天，表示其中的数量关系。

教师：通过月历研究，你觉得用字母表示数有什么好处？

学生8：它使问题变得简单，写起来也方便。

教师：用字母表示月历中某一日期，可以方便地揭示月历中日期间的数量关系。其实，字母表示数带来的方便，早在小学里就有所体现，你能举小学里学过的用字母表示数的例子吗？

学生有说各种运算定律，还有说图形面积的计算公式……

教师：这些无不让我们感受到字母表示数的简洁美，用字母表示数还会带给我们什么新的感受呢？我们来试试下面的问题(PPT展示：试一试。)：

(1)现有a包糖果，每包糖果中有b包糖，平均分给5位小朋友，则每位小朋友得________块糖果；

(2)甲、乙两人都从A地驶B地，甲每小时行a千米，b小时走完全程，乙花了5小时走完全程，则乙每小时行________千米；

(3)苹果每千克m元，橘子每千克n元，买了5千克苹果、6千克橘子，共用________元；

(4)长、宽分别为a、b的长方形，把它的面积平均分成5份，则每份面积是________。

（在此环节中，4题的答案是让学生黑板板演的，教师着重讲解了字母表示数，所列代数式的规范书写。）

教师：请同学们观察(1)、(2)、(4)的答案，你们发现了什么？

学生9：它们是一样的。

教师：可是这3题的实际背景是不一样的，这说明数学是提示事物本质的学科。不同的问题背景，可以列出相同的式子，那就请同学们想一想(PPT 出示“想一想”。)：对于式子$(1-10\%)a$，请同学们结合生活实际，你希望式子中的a表示什么实际意义？

学生 10：我希望a表示沙漠的面积，沙漠面积减少，说明我们的环境好了。

学生 11：我希望a表示病人人数，病人少了，说明健康的人多了。

……

教师：太好了！同学们的回答，体现了人性的真、善、美。接下来，我们一起做操作实验：以同桌为一组，用课前准备的小棒，拼成如下所示的正方形：□□□□□ ……，并完成下列问题：

(1)拼 1 个正方形需要________根小棒；

(2)拼 2 个正方形需要________根小棒；

(3)拼 3 个正方形需要________根小棒；

(4)拼 10 个正方形需要________根小棒；

(5)拼x个正方形需要________根小棒；

(6)拼 200 个正方形需要________根小棒。

这个环节中，着重研究了拼x个正方形时，通过动手操作，出现各种不同的拼法和不同考虑方式，列出的代数式也不完全相同，随着学习的深入，最终结果是一样的。

教师：说说你这节课的收获。

……

【案例剖析】“字母表示数”在小学已经有所接触，所以有人认为是小学的重复；还有人为了体现“思维深度”，认为这节课的“主角”是“找规律”。我们认为本节课是很重要的数学思想方法的教学，在小学阶段只是停留在“替代”阶段，而中学阶段，不仅仅是替代，更是符号化的抽象过程。在教学过程中，只有凸显这一过程，才能让学生的思维活动经验得到积累。比如，在“年龄问题”环节中，教师没有给出芳芳的年龄，这必然“迫使”学生用字母表示芳芳的年龄，以此表明字母表示数的必要性，也是培养学生的自觉地“设元”意识。另外，通过“你认为x还可以取什么数？”提问和讨论，让学生意识到字母的取值是有范围的，所有这些“意识”在方程、函数领域，都发挥着重要的作用。再如，在“试一试”环节中，列出的四个代数式，其中有三个是一样的，这真正体现了用字母表示数可以超越“任何场合”，体现了数学的抽象思维，体现了“一般化”。抽象的思维过程还表现为这是一个“动态化、活化”的过程，本案例中的“想一想”环节，把这一过程体现得淋漓尽致，通过学生的回答，还传递着“真、善、美”的情感。在动手操作环节，对于“拼x个正方形”这一环节，教师与学生一起从多角度“解剖”拼正方形的方式(如图 4.9)，不同的“解剖”方式所得到的表达式不完全相同，以此给学生积累从不同角度分析同一个问题的思维经验。以上一切，都是教师为给学生精心营造的积累思维活动经验的“场所”。

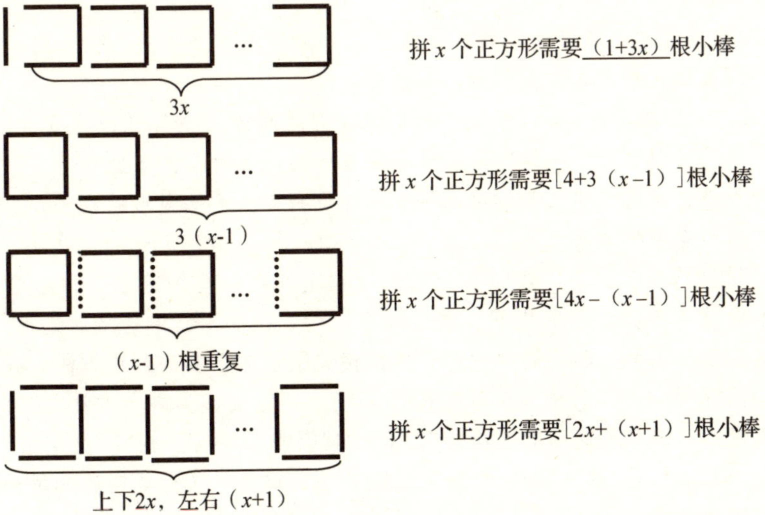

图 4.9

【案例 6】“探索全等三角形的条件(一)”的部分教学设计。

导入：我们知道：各个角对应相等，各边对应相等的两个三角形是全等三角形，这是全等三角形的定义，也可以视作全等三角形的判定方法。可是作为判定方法，同学们希望判定全等三角形的条件少好还是多好？如果用定义来判定全等三角形，需要三角形的六个元素分别对应相等，“要求”太高了。下面我们一起探究还有什么更好的方法判定全等三角形。

探究：就元素对应相等的条件多少问题，展开探究，可以形成如下“网络”图(“×”表示不可能作为全等的判定方法，“?”表示无法确定)：

- 一组元素对应相等
  - 一角(×)
  - 一边(×)
- 两组元素对应相等
  - 两边(×)
  - 一边一角
    - 边角相邻(×)
    - 边角相对(×)
  - 两角(×)
- 三组元素对应相等
  - 三边(?)
  - 两边一角
    - 两边夹一角(?)
    - 两边和其中一边对角(?)
  - 两角一边
    - 两角夹一边(?)
    - 两角和一角对边(?)
  - 三角(×)

图 4.10

实验操作：

(1)所有同学拿出课前准备的长方形纸片，能不能剪下一个“角”，使全班同学剪出的“角”都能完全重合？如果能，如何剪？

(2)每位同学画一个100°的角，并分别在角的两边上截取2 cm、3 cm长的线段，将所得三角形剪下，与周围的同学叠放在一起，看能否重合？

结论形成：有的三组元素对应相等可以作为判定全等三角形的条件，SAS是判定两个三角形全等的方法之一。

【案例剖析】在本例中，教师首先明确指出定义可以作为判定三角形全等的条件，这本身就是方法经验的积累。在后继学习中，比如平行四边形、矩形、菱形、正方形、相似三角形、圆等概念的定义都是相关图形的重要的判定方法，或是其他判定方法的“生长点”。但对于全等三角形来说，用定义作为判定方法，条件太多，“要求”太高，寻求其他简洁的方法成为思维的“需求”，走上“探究”之旅成为必然。从一组元素对应相等“摸索”到三组元素对应相等，这是一个分类讨论的过程，是一个有序思维的过程，是一个不断通过举反例否定假命题的过程，是一个不断去伪存真向真理靠近的探究过程。在这个过程中，学生证明一个命题是假命题的方法得到了积累，学生思考问题的“思考力”得到了历练。学生通过这个过程会明白：要研究一个“课题”，要学会从简单到复杂；在具体开展研究的过程中，考虑问题要尽量全面周到，既要考虑数量关系，还要考虑位置关系；要能有序地展开；要有不怕困难追求真理的理性精神；要懂得先“入进去”，然后“展开来”的方式，在真理快要到来的时候，通过实验，动手操作是一个很好的检验真理的方法……本节课，不仅“迎”来了真理(SAS)，也为后面的若干真理的到来，铺平了道路……

我们只要在教学过程中，通过放大知识的形成过程，引导学生经历猜想、操作、思考、归纳等体验性过程，并及时对结论进行总结，可以激发学生思维的灵感，从而使学生积累思维的活动经验落到实处。

【案例7】下面是一个关于“方差、标准差”的教学设计。

(一)情境设计

假如你是教练：甲、乙两名射击选手在测试中共射击10次，命中的成绩如下表：(单位：环)

	第1次	第2次	第3次	第4次	第5次	第6次	第7次	第8次	第9次	第10次
甲	7	8	9	6	10	7	8	8	8	9
乙	10	6	8	7	8	9	6	10	7	9

假如你是教练，你会选谁去参赛呢？

(二)步步深入

(1)平均数与极差都相同，两名运动员的成绩没有差别吗？你还可以运用你所学过的什么知识，来研究他们成绩的变化情况？

(2)从射击成绩的折线统计图中，你可以看出什么？

(3)除了从极差角度你还能从其他“数”的角度进一步刻画两名运动员成绩的波动吗？

(4)计算每次成绩与平均数的偏差，累计总偏差，你发现了什么问题？为什么会出现这个问题？怎么解决这个问题？

(三)又是一个挑战：在测试过程中，甲因故在第6次、第10次缺席，如果不允许第二次测试而且要体现公平，你如何处理现在的成绩？

	第1次	第2次	第3次	第4次	第5次	第6次	第7次	第8次	第9次	第10次
甲	7	8	9	6	10	/	8	8	8	/
乙	10	6	8	7	8	9	6	10	7	9

(四)再思考一个问题：运动员射击的成绩单位是“环”，那么计算出来的方差单位应该是什么？如何解决这个单位问题？

【案例剖析】对于“方差、标准差”的学习，很多教师认为只是两个公式而已，为了追求“高效”，节省时间，公式直接告之，让学生做几道习题，在考试来临之际，让学生再背一下公式即可。我们认为，方差公式的推导过程，是“统计与概率”这一部分课程内容中，培养学生运用数学知识发现、分析、解决问题的一个契机。首先，用已有知识“平均数”和“极差”不能看出两名运动员成绩的优劣，为用方差、标准差来解决这个问题提供了“土壤”。然后，问题“你还可以运用你所学过的什么知识，来研究他们成绩的变化情况?”，其中“变化情况”暗示学生运用已有知识“折线统计图”，从“形”的角度可以看出两名运动员的成绩是有区别的，能够初步解决这个问题，让从“数”的角度来分析、解决这个问题有“呼之欲出”的感觉。紧接着，在计算每个数据与平均数的总偏差为0过程中，不但深入认识了平均数，而且结合“平方”和“绝对值”的非负性的经验，为求“平方和”或“绝对值的和”自然打开了思维的通道。为什么再求“平方和”的平均数，对教师来说是教学设计上的挑战，只有真正具有“让学生积累运用已有数学知识来解决问题的经验”意识的教师才会直面这个“挑战”，设计合理的情境。“平均数”就是“公平”的体现，如果让情境“不公平”，才能体现“公平”的价值，所以，从这个角度看，设计“甲运动员因故在第6次、第10次缺席”的情境，教师是用心良苦，不能错过一次让学生运用已有知识发现、分析、解决问题的机会，从而让学生这方面的经验得到积累。

“高效”“有效”的标准是什么？不同的人有不同的认识，有人认为“高效”“有效”是在短时间内记住一个公式，教出的学生能考出高分。可不少专家却喊出了不同的声音，比如张文质先生认为“教育是慢的艺术”，郭思乐先生坚持“静待花开”。专家的声音，值得我们反思，在这一“慢”一“静”中我们教给学生什么？等待学生出现什么？我们认为，在“静”“慢”之中，我们给学生积累经验的平台，让学生主动参与到学习过程中，提高自主探究的意识，学会在探究中与同学、老师分享交流，学会自我总结归纳，学会把新学习的知识顺应、同化到自己原有的知识框架中，学会自觉地积累经验，学会敢想、敢问从而具备勇于创新的精神。在经验的积累中厚积薄发，为“创新”提供必要的条件……这才是真正的有效。

第四节　注重本质才是真正的数学学习

著名教育家杜威说过：“学习就是要学会思维”，苏联加里宁说过：“数学是思维的体操。”前者突出学习的本质，后者凸显数学学习的本质，都直指思维。可以说，数学在培养人的思维能力、发展智力方面有不可替代的作用，所以数学学科是推动人类文明发展的动力。数学作为培养人的思维的“主力军”，其教学过程只有把培养学生多样的思维方式、推进学生思维的发展作为最根本的任务，才无愧于这个“称号”。

【案例 8】这是一节“去括号法则”的教学实录。

(一)情境设计

(1)周三下午，图书馆里原有 a 名同学，不久来了 b 名同学，后来走了 c 名同学，此时，图书馆里还剩多少名同学？

学生：$a+b-c$。

教师：还有其他表示方法吗？

学生：$a+(b-c)$。

教师：这说明 $a+(b-c)=a+b-c$。

(2)周三下午，图书馆里原有 a 名同学，第一批走了 b 名同学，第二批又走了 c 名同学，此时，图书馆里还剩多少名同学？

(同上的教学过程)得到：$a-(b+c)=a-b-c$。

教师：观察上面两个式子的左右两边，有何不同之处？

学生：左边有括号，右边没有括号。

教师：这就是我们今天学习的“去括号”。

(二)新课讲授

教师：同学们观察符号有什么变化规律吗？

学生：第一个式子中，b、c 前面的符号没有变化。

学生：第二个式子中，b、c 前面的符号由“+”变成了“－”。

教师：这是什么原因呢？

学生：第一个式子中括号前是“+”，而第二个式子中括号前是“－”号。

教师：很好！这就是我们今天学习的去括号法则(边说边板书写下了“去括号法则”。)，同学们，我们由法则看，去括号的过程要分几步？(众生不太理解这个问题的含义。)

教师：分两步，①先看括号前是“＋”还是“－”号，②正不变负变。

在法则形成之后，教师给出一组巩固去括号法则练习：$+(a-b)$；$-(a-b)$；$a+(b-c)$；$a-(b-c)$；$(a-b)-(-c+b)$；$(a-b)+(-c-d)$。学生在对$(a-b)+(-c-d)$去括号时，答成了$a-b+-c-d$，教师作出纠正，并强调了去括号法则中的“去掉括号前的‘＋’”这句话。

(三)继续探究

计算：$24\times\left(\frac{1}{2}+\frac{2}{3}-\frac{7}{12}\right)$，待学生计算结束后，教师问：你是运用什么数学知识进行计算的？学生回答：乘法分配律。教师又给出一组练习：根据运算定律去括号：$a+2(b-c)$；$a-3(b-c)$；$a+(-b-c)$；$a-(-b-c)$；在讲解$a-3(b-c)$去括号时，教师着重讲了两种方法：$a-3(b-c)=a-(3b-3c)=a-3b+3c$和$a-3(b-c)=a-3b+3c$，并与学生讨论当括号前有系数时，有两种去括号的方法：即把数与符号分开，或把数与符号看成一个整体。

(四)例题讲解

例1：先去括号，再合并同类项：

(1)$2x^2-3(2x-x^2)$；(2)$4(x^2-2)-2(2x^2-x+3)$；

(3)$(8a-2b)-[8a-(b-2c)]$；

(4)$3x^2y+xy^2-[2xy^2-4x^2y+(x^2y-2xy^2)]$。

例2：判断下列从左到右的变形是否正确，若不正确，请给予改正。

(1)$-(-a-b)=a-b$；(2)$5x-(2x-1)-x^2=5x-2x+1+x^2$；

(3)$(a^3+b^3)-3(2a^3-3b^3)=a^3+b^3-6a^3+9b^3$。

例3是类似例1的一组先去括号，再合并同类项的练习。

(五)拓展提高

(1)若m、n互为相反数，求代数式$(3m-2n)-(2m-3n)$的值。

(2)若$1<x<2$，化简$|x-1|+|x-2|$。

(3)化简$-[-(3x-2y)]$。

(六)小结归纳

【案例剖析】这是一节校内公开课，上课教师是有十年左右教龄的成熟型教师。本节课是授课者精心设计的，因为从整个教学流程来看，结构完整；从教学理念看，教师融入了新理念，有情境创设、有师生探讨、有讲有练、有分层教学等。具体说来，在生活情境中抽象出数学模型：列代数式；在学生观察中(从左到右是从有括号到没有括号的过程)，自然引出课题；在教师的引导下得出结论——去括号法则，教师并强调了法则运用过程中的细节；形成结论后初步运用结论，练习、例题、纠错，并与已有知识(合并同类项)联系，将新知识纳入旧知；注意分层教学，设计了一组拓展提高题；最后在归纳小结中结束本节课。但是从培养学生的思维角度看，本节课有不少环节值得商榷。数学学科中的法则、公理、定理等都是思维的结果，是智慧的结晶，这一特征注定了它们以“静态”形式呈现在教科书上，教师的任务不仅仅是把“静态”的结论告诉学生，学生的任务也不仅仅是准确无误地接受这些“静态”的结论。如果只是简单地告之，被动地接受，学生只是一个接受知识的“容器”，不是有思维活力的“生命”，更谈不上思维的培养。从本节课看，学生观察出从左到右是从有括号到没括号的过程，这只是表象上的发现，可以顺利地引出课题，也为学生顺利地接受新知识作好心理上的准备。可是，作为最重要的“去括号法则”的形成，教师的一句“同学们观察符号有什么变化规律吗?”就“剥夺”了学生思维的“权利”，让下面的探究是“假”探究，事实上“法则”是教师自己说出来的。教师在学生已经具备了学习新知识的“表层”准备的情况下，应该趁热打铁，继续启发学生作以下观察、思考、对比：①式子左右两边，除了在括号上有“有”与“无”的区别，还能发现什么不同之处？②你能具体说出有什么不同之处吗？你觉得是什么导致了这种不同？③在 $a+(b-c)=a+b-c$ 中，等号右边的“b”前面的“+”与等号左边的括号前的“+”是不是同一个“+”？④若学生认为是同样的“+”，可以引导学生对比在 $a-(b+c)=a-b-c$ 之中，等号右边的“b”前的“−”也应该是等号左边括号前的“−”，那么等号右边“c”前面的“−”该如何解释？因为“b”“c”同时从括号内到了括号外，它们的地位应该是均等的，符号的变化规律应该是一样的。在这样的追问中，“逼”着学生的思维“快速”运转，在一步步观察对比中产生“要先去掉括号前的‘+’‘−’，再研究括号内各项的符号是变还是不变”的思维结果应该是水到渠成，在这样的思维碰撞下，不可能发生后面 $(a-b)+(-c-d)=a-b+-c-d$ 的现象。课堂上，只以两个式子 $a+(b-c)=a+b-c$、$a-(b+c)=a-b-c$ 的变形为“固着点”，教师就迫不及待地得出了法则，这是不是“单薄”了一点？这两个式子是以实际背景为基础的，我们可以进一步抽象，离开实际背景，依附前面思考的经验，让学生作大胆的尝试，把后面的去括号的练习前移，在学生积累了一定量的活动经验的基础上，进行自我归纳，用自己的语言表达出思维的结晶——去括号法则。得出这个法则的过程，也许一、两名学生的语言不够准确，需要多个学生不断地修正，也许需要花不少时间，会占用不少做题的时间(本节课大大小小的计算化简多达三十几条)，但我们把时间还给了学生，学生用这个时间进行观察、对比、猜想、表达等一系列的思维活动，这正是做“思维的体操”。在继续探究环节中，授课教师用 $24\times\left(\frac{1}{2}+\frac{2}{3}-\frac{7}{12}\right)$有理数的计算为“引子”，为所谓括号前如果有“系数”，该如何去括号作准备。就教师备课的心理来看，这是一个拾级而上的过程——从“没有系数”到“有系数”，由易到难，可谓用心良苦。细细想来，就 $+(a-b)$、$-(a-b)$这些式子而言，括号前面没有系数吗？括号前是“+”，可以结合对单项式系数的认识经验，易知括号前系数为“+1”，同样若括号前是“-”，括号前系数为“-1”。换个角度，利用这个有理数计算的式子，为去括号法则的深度剖析提供了契机，我们认为法则本身的描述还是浅表的、去括号的过程，其实就是运用乘法分配律的过程，用系数“+1”或“-1”分别与括号内各项相乘的过程，去括号法则立刻“底气”更足了。这样看来，授课老师认为的“有系数”(如 $a-3(b-c)$)的去括号问题根本不是问题，更无需用两种方法去括号。如果我们合理地运用有理数计算的式子，给学生思维“支架”，学生能够很快地将新知纳入已有的旧知框架中，很快能够同化新知，并重新建立新的知识框架，这是我们数学课堂必须要做的。在例题讲解、提高拓展的环节中，授课教师也只是让学生跟在后面机械模仿，是没有真正的思维活动的。例如，对于例 1 的(3)，没有让学生思考，既可以先去小括号也可以先去中括号，当然就没有当先去中括号时，应该把小括号中的部分看成一个整体，这一“整体思想”的渗透过程；如果在这里把问题讲“透”了，拓展提高的(3)就可以不讲；对于拓展提高环节中第(1)题，教师是直接跟学生说，我们先去括号化简……如果说例题中有明确的要求：先去括号合并同类项，则去括号是题目要求，是必需的。那么，对于这条拓展(1)，我们为什么去括号？为什么合并？不给学生一个说法，或者不去反问学生，那学生永远是没有自己想法的学习的“奴隶”，其实这是让学生感受“数学的简洁美”的很好素材；就题目本身而言，没有“去括号合并”的要求更好，让学生“追求简约”成为自觉行为……就本节课内容，“去括号”应该属于代数式恒等变形的范畴，贯穿着重要的数学思想——等价思想。也许，我们在课堂上，没必要跟学生讲深奥的数学名词，但作为数学老师来说，一定要挖掘静态的知识中隐含的精彩独特的思维过程，并引导学生的思维深入到知识发现的过程中去。只有这样，学生才能在理解掌握知识的同时，把教科书上的智慧转化成自己的智慧。

【案例 9】下面是“确定圆的条件”的部分课堂实录。

教师：同学们，今天我们学习“确定圆的条件”，“确定”这个词在咱们数学学习过程中，不是第一次提到，也有它特定的含义，还记得在哪里提过？是什么数学含义？

学生 1：两点确定一条直线。确定的含义是“有且仅有”，就是“过两点有一条直线且仅有一条直线”的含义。

教师：对，“确定”既包含“存在性”又包含“唯一性”。你们认为确定圆的条件应该是什么？

学生 2：圆心和半径。

教师：很好，如果类比直线，你们觉得几个点可以确定一个圆呢？这个问题你打算怎么解决？

学生 3：我想到了研究“探究三角形全等的条件”时研究方法，我们当时是从一组元素对应相等开始摸索的，我们也可以从一个点能不能确定圆开始研究。

教师：太好了，我们要善于把已有的知识经验、解决问题的方法经验迁移过来，用来研究新知识、新问题，让“新”不再“新”，让“难”不再“难”。你们觉得，过一个点可以确定一个圆吗？

学生4：不能，过一个点，有无数个圆。

教师：为什么？

学生4：任选一个点，以这点为圆心，以这两点间的线段长为半径就可以画圆啦。

教师：任选？那我就选这个已知点。

学生4：哦，应该说成选除已知点以外的任何一个点。

教师：数学是严谨的化身，语言要准确。看来经过分析，你们认为过点确定圆的问题，关键在于确定圆心还是半径？

学生5：圆心，只要圆心确定，圆心与已知点之间的距离则为半径。

教师：下面你们该如何研究下去？

众生说：该轮到两个点了。

教师：两个点能确定一个圆吗？

学生6：不能，因为圆心还是不能定下来。

教师：虽然不能确定一个圆，但你有新发现吗？

学生6：圆心在这两个点所连接的线段的垂直平分线上。

教师：为什么？

学生6：圆过这两点，说明这两点都在圆上，则圆心到这两点的距离相等，所以圆心只能在这两点所连接的线段的垂直平分线上。

教师：很显然，今天的知识与旧知识“线段的垂直平分线”有千丝万缕的联系。三个点行吗？

（片刻后。）

学生7：我觉得行呢！

教师：你上来讲，时间原因，只要求找到圆心即可，圆就不画了。

学生7在黑板上画出了三点不共线的情况，并作出其中两条线段的中垂线，交点便是圆心，该生对自己的作图作了讲解。面对下面不少同学的举手，有所感悟，突然说了：“哦，还有三点共线的情况，三点共线时，就没有交点了，就没有圆心了，啊，就不能确定一个圆了！”

教师：太好了，你能从同学们的肢体语言（举手）的暗示中，发现了自己的不足，并很快改正、优化了自己的思路，真聪明！同学们，我们在研究问题时，需要冷静地思考，因为两点确定一条直线，三个点的出现，位置关系要复杂一些，分类讨论成为必然。养成良好的思维习惯，既要有火热的思考，又要有冷静地反思，用这样的思维方式学习数学，会让我们越来越聪明！请问为什么三点共线时，没有了交点？

学生8：因为垂直于同一条直线的两直线平行，平行线没有交点。

教师：每一步都是有理有据，"言必有据"是数学学科的魅力所在！到此，你们认为确定圆的条件是什么？

学生9：不共线的三点确定一个圆。

教师：你觉得关键词是什么？

学生9：不共线。

教师：（面对学生7。）你的印象一定很深。

（学生7笑了。）

教师：我们在思考的道路上，常常会有错误，有"弯路"，我们要正视我们的"弯路"，在"弯路"中吸取经验和教训，错误也会美丽，"弯路"上也有风景！

……

【案例剖析】"不共线的三点确定一个圆"在教科书上，就是单薄的一句话，是显性的课程资源，怎么看到这句"单薄"的话厚重的内容，让"单薄"的外表一样能演绎出"华丽"的篇章？这需要教师具备挖掘隐性课程资源的能力。数学隐性课程资源基本要素很多，培养学生的理性思维、面对错误困难毫不畏惧的个性品质、敢于猜想勇于类比的思维方法都是数学隐性课程资源的重要方面。本节课从"确定"开始，开门见山引出课题，既体现了数学语言的精练简洁之美，又勾起学生对旧知识的回忆，更是为建构新知，激活了知识上、思维上的"经验"。从学生3的回答可以看出，该生已经具备自我研究、分析问题的思维能力，同时也在影响着其他同学，给了所有同学解决问题的方向，教师的一段话（我们要善于把已有的知识经验、解决问题的方法经验迁移过来，用来研究新知识、新问题，让"新"不再"新"，让"难"不再"难"），无疑是告诉所有的学生，学生3的这种思考、解决问题的方式是化归思想，化"新"为"旧"、化"未知"为"已知"，这是数学上很重要的研究问题的方法。在解决问题的时候，注意培养这方面能力。"过一个点可以画无数个圆"应该是一个很简单很不起眼的话，但教师并没有忽视它的价值：把确定圆的问题转化成确定圆心的问题，为下面进一步进展做好了"转化"的思维准备。"过两点不能确定一个圆"，但能发现与"线段的垂直平分线"有关，再次让学生明白，在解决一个新问题时，要善于起用已有的知识经验解决现有的问题。从学生7思考得到"三个点可以确定一个圆"，到同学们的举手暗示，到他自我的修正的过程，可见教师给了学生一个非常宽松的思维环境，让学生不怕犯错，让学生敢于表达自己的见解，让学生真的感觉到"弯路"也一样有风景。从学生的"任选一个点为圆心"到被老师修正成"除已知点以外，任一个点为圆心"，从老师的这句话："因为两点确定一条直线，三个点出现时，位置关系要复杂一点，分类讨论成为必然"等细节可以发现，教师在向学生渗透着一个理念：数学思维是严谨的和理性的。本节课，在教师引导下，从"直线的确定到圆的确定”，从“一个点到两个点再到三个点”，从“三个点到不共线三个点”，以这一系列的知识线条为“骨架”，附着数学思想方法、活动经验的唤醒、运用、再积累的“血肉”成长，体现了数学学科特有的严谨、理性的“精神”培育，将一个“不共线的三点确定一个圆”的刻板的结果性知识，变成了培育有“血”有“肉”有“张力”的数学思维的精神家园！

第五节　合情推理与演绎推理侧重点不同

《课标(2011年版)》指出：“推理能力的发展贯穿于整个数学学习的过程中。推理是数学的基本思维方式……推理包括合情推理和演绎推理，合情推理是从已有事实出发，凭借经验直觉，通过归纳的类比等推断某些结果……在解决问题的过程中，两种推理功能不同，相辅相成：合情推理用于探索思路，发现结论；演绎推理用于证明结论。”从这句话里，我们可以看到，合情推理是探索新思路、发现新结论的“推土机”，是创新的“源头”，演绎推理则是新结论的“试金石”，两者的共同作用，推动数学和数学教育及人类文明的发展。而在传统的数学教学中，更多的是强调演绎推理，忽视合情推理，这种模式下的教学不利于发展学生思维的广阔性，不利于“创新意识”的培养。在平时的教学中，要把“提高学生的合情推理的能力”融入教学行为中。

【案例10】下面是一道在八年级练习中的“探究题”。

阅读下列材料：关于x的方程：$x+\frac{1}{x}=c+\frac{1}{c}$的解是$x_1=c$，$x_2=\frac{1}{c}$；方程$x-\frac{1}{x}=c-\frac{1}{c}$可看成$x+\left(\frac{-1}{x}\right)=c+\left(\frac{-1}{c}\right)$，它的解是$x_1=c$，$x_2=-\frac{1}{c}$；方程$x+\frac{2}{x}=c+\frac{2}{c}$的解是$x_1=c$，$x_2=\frac{2}{c}$；方程$x+\frac{3}{x}=c+\frac{3}{c}$的解是$x_1=c$，$x_2=\frac{3}{c}$。

(1)请观察上述方程与解的特征，比较关于x的方程：$x+\frac{m}{x}=c+\frac{m}{c}(m\neq 0)$与它们的关系，猜想此方程的解是什么，并利用方程的解的概念验证你的猜想；

(2)由上述的观察、比较、猜想、验证，可以得出结论：如果方程的左边是未知数与其倒数的倍数的和，方程右边的结构与左边完全相同，只是把其中的未知数换成某一常数，那么这个方程就可以直接由上述发现的规律得到解。

请你利用这个结论，解关于x的方程：$x+\frac{2}{x-1}=a+\frac{2}{a-1}$。

【案例剖析】本题最终要解的是，关于x的字母系数的分式方程，如果用常规解法，经去分母后，为一元二次方程的字母系数方程，对于八年级的学生，这已经“超前”。但通过对一组方程的结构及其解的特点进行观察、类比，可以猜想、推导出蕴藏在其中的规律：方程的解就是方程右边的常数和此常数的倒数的相应倍数。

这个推理过程就是合情推理，但这一规律是否正确，需要我们运用这一规律解题之后，对答案用“方程的解的概念”进行验证，经验证后的答案会让刚才的猜想过程“底气”更足，这便是演绎推理的过程。作为教师，在讲解的过程中，要有意识地引导学生观察，这组方程的结构特点及其解的特点，还要要求学生表示自己的发现(可以不展示(2)中的结论，尝试让学生自己归纳。)，这是合情推理支撑下的抽象，并对运用这一“发现”得到的结果进行验证，让解决新问题的过程更加“坦然”。当解题结束后，我们认为，教师需要结合本题的思路历程，揭示“观察”“类比”“猜想”“验证”等这些思维活动之间的关系，可以告诉学生，就知识而言，是九年级的学习内容，但在“观察”“猜想”“验证”等思维活动下，我们同样可以解决看似不能解决的问题，人类的文明就是依托着这样的思维方式向前推进的，以凸显合情推理的价值。有这样的提炼环节，我们的课堂就是源于解题高于解题了，从而提高课堂教学的立意。

【案例 11】下面是“零指数幂和负指数幂”的课堂实录。

教师：在生物课上我们知道生物的生长离不开细胞的分裂和分化，下面请同学们看一段细胞分裂的动画。(Flash 动画显示：一个细胞分裂一次由 1 个变成 2 个，分裂两次由 2 个变成 4 个，分裂三次由 4 个变成 8 个，分裂四次由 8 个变成 16 个。)

教师：同学们再看一遍，请同学们注意细胞分裂的次数与细胞个数之间的关系。

PPT 显示问题 1：一个细胞分裂 1 次，细胞数有几个？分裂两次、三次、四次呢？若分裂 n 次呢？

学生 1：细胞的个数分别是 2，4，8，16，…，2^n。

学生回答的同时，教师板书：

细胞分裂次数	细胞个数
1	2
2	4
3	8
4	16
…	…
n	2^n

教师：你怎么知道细胞分裂 n 次时，细胞个数是 2^n 个？说说你的想法。

学生 1：因为由 $2=2^1$，$4=2^2$，$8=2^3$，$16=2^4$ 可知 2 的指数与细胞分裂的次数是相同的，所以分裂 n 次时，应该是 2^n 个。

教师：很好！由此，可以发现其中的规律：细胞数是以 2 为底数的幂，且其指数就是细胞分裂的次数。(同时，教师把板书改写如下。)

细胞分裂次数	细胞个数
1	$2=2^1$
2	$4=2^2$
3	$8=2^3$
4	$16=2^4$
…	…
n	2^n

教师：建立在这一规律的基础上，看问题2的第一个问题：

(1)细胞分裂6次时的细胞数是细胞分裂4次时的几倍？请列式计算。(学生很快解出)

学生2：应该是4倍，计算式子是 $2^6\div2^4=2^{6-4}=2^2=4$。

教师：你能说出这步计算的根据吗？

学生2：同底数幂的除法法则。

教师：具体说一下法则内容。

学生2：$a^m\div a^n=a^{m-n}(a\neq0)$。(不少同学举手。)

学生3：还有 m、n 是正整数，$m>n$ 的条件。

教师：在乘方的意义中，幂的指数部分表示底数的个数，所以要求指数是正整数，“$m>n$”的条件不能少。

教师：再看第二小问：细胞分裂4次时的细胞数目是分裂4次时的几倍？请列式计算。

(题目一出现，学生们都很惊讶，因为这个问题太简单了！)

学生4：1倍。$2^4\div2^4=1$。

教师：你是怎么算 $2^4\div2^4=1$ 的？

学生4：$2^4\div2^4=16\div16=1$。

(学生5是一位思维活跃的孩子，他举手了。)

教师：学生5，你还有其他算法？

学生5：$2^4\div2^4=2^{4-4}=2^0=1$。

教师：(面向众生。)学生4、学生5两位同学哪位的算法是对的？如果不对，问题出在哪？

学生6：学生4是对的，学生5好像也对，昨天我预习时，看到书上有 $a^0=1$。

学生7：学生5不对，他用的是同底数幂除法法则，法则要求“$m>n$”，而且凭什么说 $2^0=1$？

教师：太好了！我们在运用法则解决问题时，一定要注意法则的使用条件，这是数学学科理性思维的光辉。不过 $2^4\div2^4$ 的“外形”的确像同底数幂的除法，如果尝试着用同底数幂的除法法则去计算，就会出现学生5计算过程中出现的“2^0”这一“特别”的结果，学生 6 看到了书上有 $a^0=1$ 的说法，那么 $2^0=1$ 吗？如果用按乘方的意义解释“2^0”是什么意思？

学生 8：0 个 2 相乘，说不通啊。（学生 5、学生 6 脸上是或喜或惊或疑惑的复杂的神情。）

教师：显然，我们面临着一个巨大的挑战！从“正道”途径计算：$2^4\div2^4=16\div16=1$，从“旁道”算出了 2^0 的“怪胎”，这让我们大胆地猜想：$2^0=1$。如果我们能够多方面说明 $2^0=1$ 是合理的，是说得通的，我们就可以规定 $2^0=1$！你能举出身边的例子，说明 $2^0=1$ 是说得通的吗？（片刻后……）

学生 9：刚才的细胞分裂就可以啊。细胞如果没有分裂，就只有一个细胞，也意味着分裂次数为 0，分裂次数是 2 的指数，不难发现 $2^0=1$ 说得通！

（这样一来，学生的思维积极性高涨！）

学生 10：我想到了学习乘方时，你曾经让我们折纸，一张纸对折一次两层，对折两次四层也就是 2^2 层……如果不对折，只有一层，也可以看成 2^0 层啊，那不是也能说明 $2^0=1$ 是合理的嘛！

教师：太棒了！我们从生活的经验、从动手操作实验都能说明 $2^0=1$ 是说得通的，是“合乎情理”，我们的猜想具有合理性。我们能不能从数学自身角度，来说明这一猜想的合理性呢？比如，看看数轴……

（教师在黑板上画出（如图 4.11）数轴：师生共同探讨：从结果看：16→8→4→2，左边的数依次是右边数的一半，从相应的幂的形式看 $2^4\to2^3\to2^2\to2^1$，左边幂的指数的总比右边的小 1，所以如果前者是 2 的一半应该是 1，则对应的幂应该是 2^0 了。）

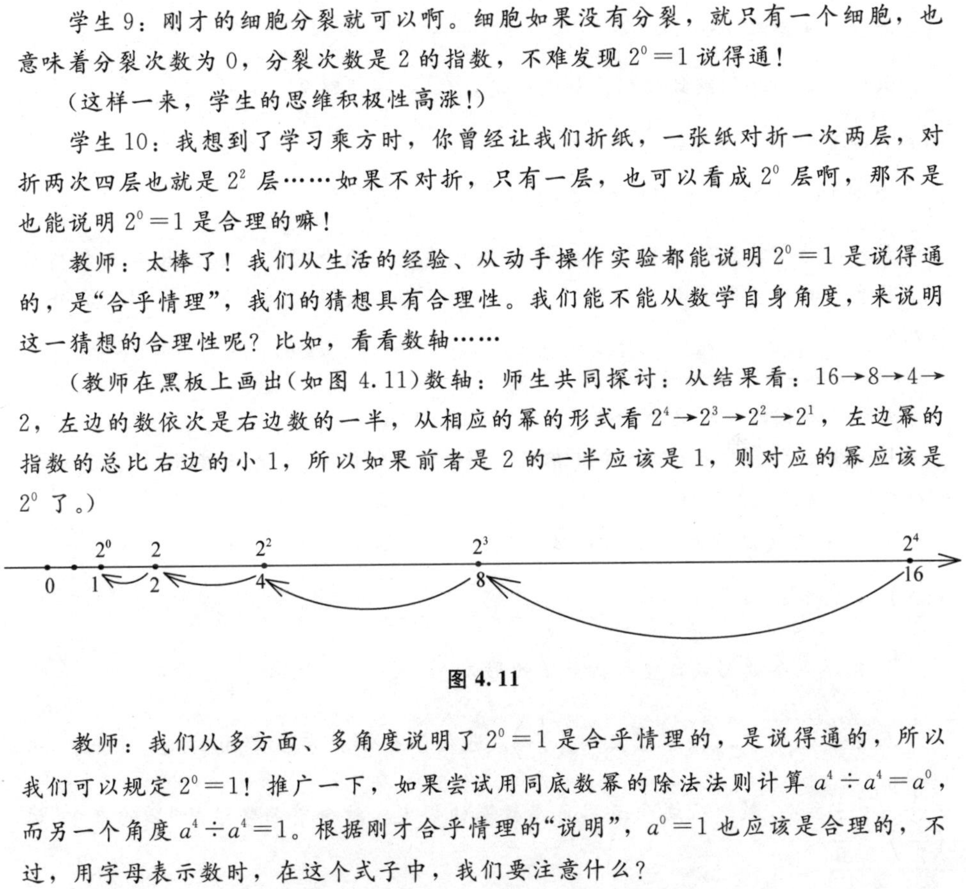

图 4.11

教师：我们从多方面、多角度说明了 $2^0=1$ 是合乎情理的，是说得通的，所以我们可以规定 $2^0=1$！推广一下，如果尝试用同底数幂的除法法则计算 $a^4\div a^4=a^0$，而另一个角度 $a^4\div a^4=1$。根据刚才合乎情理的“说明”，$a^0=1$ 也应该是合理的，不过，用字母表示数时，在这个式子中，我们要注意什么？

学生 11：$a\neq0$，0 不能作除数。

教师：好！所以我们可以规定：$a^0=1(a\neq0)$，即任何非 0 数的 0 指数幂等于 1。有了这个规定，让我们看看同底数幂的除法法则，可以作什么改变？

学生 3：$m>n$ 可以改成“$m\geqslant n$”了。

教师：有了这个规定，使我们的视野开阔了。带着我们现有的经验，我们看看问题 3：细胞分裂 4 次时的细胞数目是细胞分裂 5 次时的几倍？请列式计算。如果尝试用同底数幂除法法则，你遇到什么挑战？你想作出什么样的规定，并如何解释这个规定的合理性？（片刻后……）

学生 12：分裂 4 次时的细胞数目是分裂 5 次时的$\frac{1}{2}$，因为 $2^4\div2^5=16\div32=\frac{1}{2}$，如果用同底数幂除法计算 $2^4\div2^5=2^{4-5}=2^{-1}$，出现了 2^{-1}，因为它不可以解释成-1个 2 相乘，我猜想它应该等于$\frac{1}{2}$，我可以用刚才的数轴、数及与其对应的幂的指数规律来解释……

教师：好！我们继续猜想：如果规定：$2^{-1}=\frac{1}{2}$，则 $2^{-2}=\frac{1}{2^2}$，$2^{-p}=?$；$a^{-p}=?$ $(a\neq0)$，其中 p 是正整数。

学生 13：$2^{-p}=\frac{1}{2^p}$；$a^{-p}=\frac{1}{a^p}(a\neq0)$。

教师：结合前面的零指数幂，我们今天学习了两个规定：零指数幂和负指数幂。让我们再回首同底数幂的除法法则，有了负指数幂的规定后，你们又有什么发现？

众生：$m\geqslant n$ 的条件可以去掉了！

教师：我们的视野更加开阔了。下面让我们“小试牛刀”。

1. 判断：(1)3^{-3}表示-3个 3 相乘；(2)a^{-m}？$(a\neq0$，m 为正整数)，表示 m 个 a 相乘的积的倒数；(3)$(m-1)^0=1$。

2. 用小数或分数表示下列各数：4^{-2}；-4^{-2}；3.14×10^{-3}；$(-0.1)^0\times10^{-2}$；$\left(\frac{1}{2}\right)^{-3}$；$(\pi-3.14)^0$。

3. 把下列各数写成负整数指数幂的形式：$-\frac{1}{8}$；0.0001；$\frac{1}{64}$。

在练习过程中，教师重点对$\left(\frac{1}{2}\right)^{-3}$进行了讲解：学生都用的是：$\left(\frac{1}{2}\right)^{-3}=\frac{1}{\left(\frac{1}{2}\right)^3}=\frac{1}{\frac{1}{8}}=8$；教师从逆向运用负指数幂的规定，结合前面学过的“幂的乘方”运算法则，讲解了$\left(\frac{1}{2}\right)^{-3}$的另一种化简方式：$\left(\frac{1}{2}\right)^{-3}=(2^{-1})^{-3}=2^{-1\times(-3)}=2^3=8$。另外，师生共同探讨了$\frac{1}{64}$的多种负指数幂的形式：$\frac{1}{64}=64^{-1}=8^{-2}=(2^3)^{-2}=2^{-6}$；$\frac{1}{64}=64^{-1}=4^{-3}=(2^2)^{-3}=2^{-6}$。

4. 计算：(1) $2^5\div2^{-3}\times2^0$；(2) $\left(\frac{1}{2}\right)^{-5}\times\left(\frac{1}{2}\right)^3\times\left(-\frac{1}{2}\right)^2$；(3) $\left[6-2\times\left(-\frac{1997}{1998}\right)^0\right]^{-2}$。

这个环节中，大部分学生从规定本身角度进行计算，对于(1)(2)两题，在教师的启发下，有学生从同底数乘除角度计算，结果与前者计算方法殊途同归。

教师：通过对 $\left(\frac{1}{2}\right)^{-3}$、$\frac{1}{64}$ 的多种方式的“变脸”，还有后面两题的两种不同的计算方式可以得到相同的结果。这一现象表明，我们的两个规定在幂的运算过程中，运用以前的各种运算法则也是非常的和谐。这也从另一个视角表明，这两个规定是合理的。

教师：归纳小结……

【案例剖析】数学知识有严谨的逻辑体系，因此概念、命题的产生总有其缘由和存在的合理性。数学概念的产生受两种力量的驱动，一是对一类事物本质属性的概括，使研究个别对象的属性转向研究一类对象的属性，使研究过程简化、研究结果更具有普遍性；二是为新知识的产生和推动知识的发展提供支点，如为了进一步提示对象的本质需要引出新的概念，为了解决问题引出新的概念等。“零指数幂和负指数幂”这两个概念的产生，应该属于后者——为新知识的产生和推动知识的发展提供支点。它们的出现，是乘方运算、幂的运算进一步向前推进的需要，是日后指数范围进一步扩大的“排头兵”，是高中阶段学习幂函数、指数函数的需要。新的命题、概念的产生，有的可以通过已有知识经逻辑推理可以得到，而有些却是通过实验操作、观察、类比等复杂的思维活动后作出的猜想，再通过实验、观察、归纳、画图等多角度说明猜想的合理性，而后作出的“规定”。当“规定”形成后，“加盟”到原有的知识体系中，如果不出现矛盾，可以说明“规定”是合理的；如果出现矛盾，也许是猜想、规定是“伪”，也许还需其他新知识的支撑……这一个个循环，离不开合情推理的力量。对于 $2^0=1$，首先是同底幂运算的“错误”运用，为猜想提供了第一感觉，再从细胞分裂、折纸、数轴等角度，都可以说明 $2^0=1$ 是合乎情理的，这为“规定”提供了“底气”……如果“规定”的出现，给原来的知识体系提供“活力”，让学生感受到“规定”的“好处”，那名学生就会认可这些“规定”。例如，这两个“规定”的出现，让“同底数幂除法”的桎梏一步步得到解除，更让幂的运算向前迈出了一大步，为下面一个个新的概念、命题的出现提供了“支点”。从这个角度可以说，合情推理为数学自身的发展提供了“活水”，是数学发展的动力之一。所以在数学课堂上，我们要关注合情推理能力的培养。这无论对学生的学习还是生活，都大有裨益。

第六节 数学思想需要在过程中领悟

“基本思想”是《课标(2011 年版)》在总目标中提出的“四基”之一，数学思想是数学学科的灵魂，是数学教学的精髓。数学思想方法常常是由人们探索数学真理的过程积累形成的，所以它不像概念、命题、定理那样以完美的形式明朗地出现在教科书上，它深刻而又隐蔽。这要求教师要能深刻地理解教科书，以知识为载体，挖掘知识表层下的数学思想，让学生在数学思想的“浸润”中掌握数学知识，也只有在数学思想的“浸润”中才能真正理解数学知识，学生才能真正弄清楚数学的本质，具有后续学习的能力，只有这样的教学才是有效的教学。

【案例 12】下面是《锐角三角函数(一)正切》的教学片段：

教师：在 Rt$\triangle ABC$ 中，$\angle C=90°$，$\angle A=45°$，你能说出两条直角边之比吗？

学生 1：1∶1。

教师：在 Rt$\triangle ABC$ 中，$\angle C=90°$，$\angle A=30°$，那么$\angle A$ 所对的直角边与另一条直角边之比是多少？说出理由。

学生 2：$\frac{1}{\sqrt{3}}$，因为在直角三角形中，30°角所对的直角边是斜边的一半，由勾股定理可知，另一条直角边占$\sqrt{3}$，所以这两条直角边之比为$\frac{1}{\sqrt{3}}$。

教师：在 Rt$\triangle ABC$ 中，$\angle C=90°$，当$\angle A$ 取其他定值时，它的对边与它的邻边之比还是定值吗？这了解决这个问题，可以如图 4.12 画 Rt$\triangle ABC$，Rt$\triangle A'B'C'$，$\angle C=\angle C'=90°$，$\angle A=\angle A'$，在这样的条件下，你能得出什么结论？

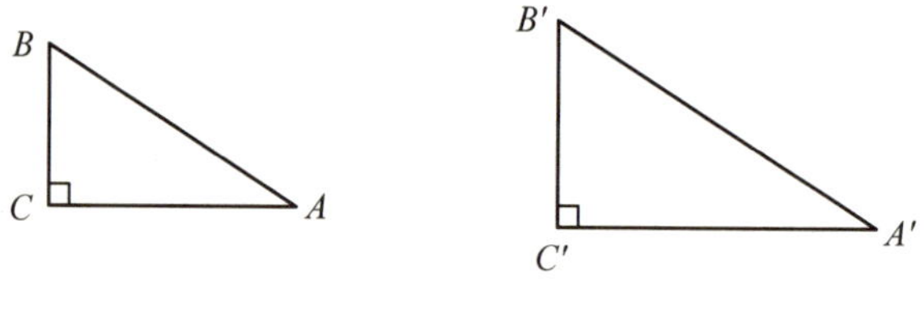

图 4.12

学生 3：这两个三角形相似，则有$\frac{BC}{AC}=\frac{B'C'}{A'C'}$。

教师：这说明，在直角三角形中，当锐角 A 的度数一定时，无论三角形大小如何，锐角 A 的对边与邻边之比则随之确定。这一特征，让我们联想到什么数学概念？

众生：函数。

教师：今天我们一起学习新函数——正切。在 Rt$\triangle ABC$ 中，$\angle C=90°$，$\angle A$

的对边记作 a，$\angle A$ 的邻边记作 b，我们把 $\frac{a}{b}$ 叫做 $\angle A$ 的正切，记作：$\tan A=\frac{\angle A\text{的对边}}{\angle A\text{的邻边}}=\frac{a}{b}$。在这里，$\angle A$ 的度数是自变量，$\frac{a}{b}$ 是函数，它的表示形式与以前学过的一次函数、二次函数、反比例函数不一样，但就变量数学角度，它们的本质是一样的。

【案例剖析】“三角函数”的概念教学，很多教师利用相似三角形，证明指定锐角的对边与邻边之比是不变的，然后得出概念，让学生产生“这个概念的关键是：该锐角的对边和邻边”的错觉，偏离了概念的本质。对于这个概念，它的关键词应该是“函数”，应该从函数的角度，揭示它的本质，这同时也是对函数概念的再认识过程。在本案例中，教师从学生已有的知识出发(等腰直角三角形、有一个角是 $30°$ 的直角三角形)，让学生在从特殊到一般的数学思想中，学习、理解新知。这个过程能让学生理解，一个角的正切值只与这个角的度数有关，与该角的对边、邻边无关，角的度数发生变化，这个角的正切值也随之改变，角的正切值是角的度数的函数，函数模型在这过程中慢慢“浮出水面”，看似无心，实则有意，让学生在知识的形成过程中，加深对函数概念的理解，加快对角的正切值概念的理解。

【案例 13】刚学完“平方根”下课后，一位同学追随老师，问：“老师，因为 $(\pm10)^2=100$，所以 ±10 是 100 的平方根，可以写成 $\pm\sqrt{100}=\pm10$，那么，我想问您一个问题，2 的平方根是 $\pm\sqrt{2}$，那么 $\pm\sqrt{2}$ 等于多少呢？记得以前初一时说过，它是一个无理数，那它到底等于多少？”老师听着学生的话，明白了学生对 $\pm\sqrt{2}$ 是处在“符号化”的阶段，有强烈的心理愿望，想把 $\pm\sqrt{2}$ 写成自己熟悉的“常规的数”。老师这样回答学生：“很想知道 $\pm\sqrt{2}$ 等于多少吧，我们下节课就一起探讨它的‘结果’，有时间我们好好一起研究研究。”

下面是《实数(一)》的课堂实录片段：

教师：同学们，你能说说对 $\sqrt{2}$ 的认识吗？

学生 1：它是 2 的算术平方根。

学生 2：这是对 2 进行开平方运算。

学生 3：它是两条直角边长为 1 的等腰直角三角形的斜边长。

学生 4：也是边长为 1 的正方形的对角线长。

教师：真好！有从“数”角度、有从“形”角度，有从“静态”的结果——平方根角度，还有从“动态”的运算——开平方角度来看它。你们想知道 $\sqrt{2}$ 到底等于多少吗？昨天就有同学迫不及待地问呢。(众生点头，表示“想”。)

教师：你们觉得哪个数应该和它相等？

学生 4：这个数的平方等于 2，这个数等于 $\sqrt{2}$。

教师：对了，由平方根定义，我们不难知道这点。这个数好“神秘”，我们目前不知道它的真实面貌，但我们退一步，初步确定它的范围。你行吗？请说明理由。

学生5：$1<\sqrt{2}<2$，因为$1^2=1$，$2^2=4$，$1<2<4$，所以$1<\sqrt{2}<2$。

学生6：我还可以用数轴来说明$1<\sqrt{2}<2$(如图4.13)。

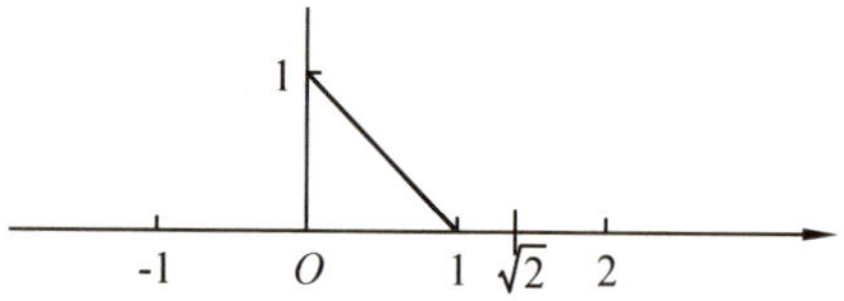

图 4.13

学生7：我觉得$1.4<\sqrt{2}<1.5$，因为$1.4^2=1.96$，$1.5^2=2.25$。

教师：学生5、学生7都是从“数”的角度说明$\sqrt{2}$的范围，学生6从“形”的角度说明$\sqrt{2}$的范围，很不错！生7的范围还精确一点，我们还可以再精确吗？

学生7：我们可以算算1.45^2。

教师：你为什么选1.45？

学生7：1.45是在1.4、1.5中间的数，如果算两头，不太明显。

教师：1.45是1.4、1.5最中间的一个数，它对$\sqrt{2}$的范围的确定更具有“参照性”，这种数学方法叫“二分法”。咱们算算1.45^2的平方吧。

众生：$1.45^2=2.1025$。

学生8：我觉得这时候我们可以算一下1.41^2了，因为1.45^2大于2，这个数一定在1.45与1.4之间，算一下1.41^2的平方，进一步缩小范围。

教师：分析得好，我们在计算过程中逐步逼近那个数。

学生8：$1.41^2=1.9881$。

(学生对结果越来越接近2表现出兴奋。)

教师：接下来我们可以算哪个数的平方？

学生9：由二分法，可算1.43^2。

众生：$1.43^2=2.0449$，再算1.42^2吧。(有的同学感觉到希望就在前方。)

学生10：$1.42^2=2.0164$。

学生11：再算1.415^2！

学生11：$1.415^2=2.002\ 225$，又近了一步了！(显得很兴奋，还有同学说：“再算1.414^2”。)

学生12：$1.414^2=1.999\ 396$，比2小了一点，那一定在1.414与1.415之间。(还有同学在向下算着，由于时间原因，教师没有再让学生算下去。)

教师：同学们，其实对于$\sqrt{2}$的探究，在数百年前，很多数学家就研究过，有算到小数点后数十位，乃至上百位，它就与我们熟悉的π一样，是一个无限不循环小数，这便是我们曾在初一时候曾经说过的……

众生：无理数。

接下来，教师根据无理数的定义，自己“造”无理数。向学生介绍了在数学发展的长河里，无理数得到人们的认可，经历的艰苦历程，数学家希伯斯为此付出了生命的代价……

【案例剖析】无理数的概念只有一句话：“无限不循环小数”，简洁而完美。让学生知道这句话，只需几分钟，而让学生理解、感悟这句话，并不容易。本案例让学生在逼近思想、极限思想的“熏陶”下，运用“二分法”去探索，在探索过程中享受“就在眼前”恰恰“摸不到”的数学逼近与极限之奇妙，享受由“算哪个数的平方”带来的思维起伏跌宕之感，享受“数”与“形”的珠联璧合之美，通过“希伯斯为科学献身”的故事，从心底自然升起对数学前辈的肃然起敬之情，体会到孕育在数学发展长河中的庄重的数学精神……所有这些都是“无限不循环小数”里包含的隐性价值，需要老师去挖掘，并融入到课堂教学中。

数学教育心理学家弗利德曼认为：“数学的逻辑结构的一个特殊的和最重要的要素就是数学思想，整个数学科学就是建立在这些思想的基础上，并按照这些思想发展起来的……数学的各种方法是数学的最重要的部分。”可见，数学思想方法是数学学科的骨架和灵魂，数学的概念、命题只是思想方法的载体，在概念、命题等数学知识的教学中，只有通过数学思想、方法去“浸润”数学知识，学生才能真正理解，也只有关注概念等知识的形成过程，才能让学生真正感悟博大精深的数学思想。

当然，对数学思想的感悟，是一个循序渐进的过程。以“无理数”为例，苏科版课标教科书七年级上册就有所涉及。对$\sqrt{2}$的认识，在七年级时，可以用四个直角边为1的等腰直角三角形拼成一个正方形，让学生经历实验操作过程，还可以让学生通过度量，也可以利用数轴，甚至可以初步运用逼近法(教科书上有所体现)等方式，让学生初步认识到这个正方形的边长是一个在1～2的无限不循环小数，这也是极限思想、逼近思想、数形结合思想的第一阶段——体验阶段。随着学习内容的加深，学习经验的积累，例如，平方根、勾股定理等知识的学习，对数形结合的认识加深，在本案例中，教师了解到学生对新知识的渴求心理，积极创设语言环境、思维环境，引导学生结合平方根定义，运用二分法逐步逼近$\sqrt{2}$，让学生充分感受“极限与逼近”的奇妙，调动学生学习的积极性，这是逼近思想、极限思想的第二阶段——明朗化阶段。本节课，从学生的表现来看，对数形结合思想的运用应该是数学思想方法的第三阶段——自觉运用阶段，这是得益于这一思想方法在七、八年级阶段运用比较广泛，而对于逼近、极限等思想，学生在高中阶段学习过程中，将会得到进一步感悟。让学生感受数学思想的途径很多，注重概念、命题的形成过程的教学是一条很重要的途径，教师不能错过让学生体会数学思想的机会。

【案例 14】这是一节二次函数复习课的教学设计片段：

链接中考：（株洲市中考题改编）

如图 4.14，一次函数 $y=-\frac{1}{2}x+2$ 分别交 y 轴、x 轴于 A、B 两点，抛物线 $y=-x^2+bx+c$ 过 A、B 两点。

作垂直于 x 轴的直线 $x=t$，在第一象限交直线 AB 于点 M，交这个抛物线于点 N。

(1)求这个抛物线解析式；

(2)求当 t 取何值时，MN 有最大值？最大值是多少？

乘胜追击：

连接 AN、BN，请求 $S_{\triangle ABN}$ 的最大值。就面积问题，你还能提出什么问题并解决它？

接受挑战：

如图 4.15，过点 N 作 NP 垂直 AB 于点 P，求 PM 的最大值。如果改成以 MN 为直径的圆在直线 AB 上截得的弦为 PM，你能求出 PM 的最大值吗？你能求 $\triangle PMN$ 周长的最大值吗？

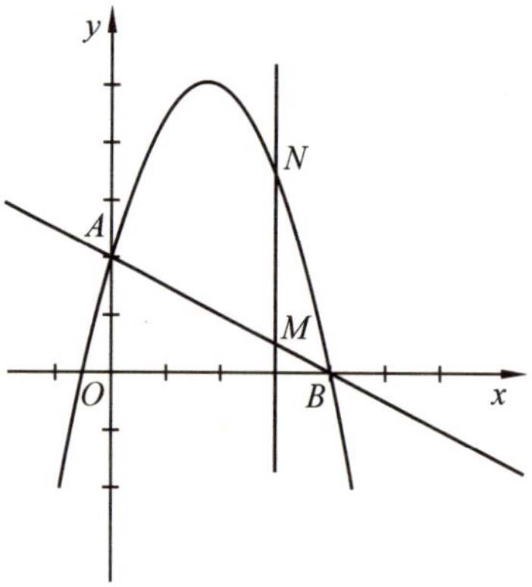

图 4.14

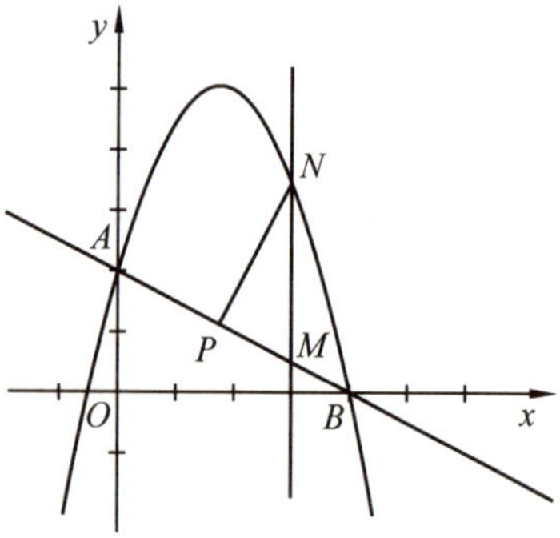

图 4.15

【案例剖析】由于受考试压力的影响，不少一线教师在对概念、命题等知识的教学过程中，会压缩时间，让学生以解题代替对思想方法的感悟，使教学内容习题化。当然，解题教学是数学教学工作中不可避免的，也是必需的。在解题教学中，注重解题技巧而忽视思想方法的提炼与揭示。其实，解题的过程正是“检验”思想方法领悟程度的过程，也是渗透思想方法的一个重要途径。只有真正从思想方法角度出发的“解题技巧”才是真正的“技巧”，才是有生命力的。对于本案例中的第(2)题，建立 MN 的长与 t 之间的函数关系，利用该函数关系求得最值，这是一个典型的函数建模过程。由于本课是复习课，这对于学生来说并不困难。也正是因为是复习课，教师需要把这个“函数模型”求最大值做大做强，让这个“生长点”能够“结出”更多的“果实”，接下来所有最大值问题都可以化归成 MN 的最大值问题，以体现“化归”思想的强大魅力。同时，通过“化归”过程，把一个个散落的知识点结成知识链。

舍费尔德在出版《数学问题解决》几年之后，说过这样一段话：“现在让我回到‘问题解决’这一论题，尽管我在1985年出版的书用‘数学问题解决’这样一个名称，但我现在认识到这一名称的选用不是很恰当。我所考虑的是，单纯的问题解决的思想过于狭窄了，我所希望的是并非仅仅是教会我的学生解决问题——特别是由别人提出的问题，而是帮他们学会数学的思维。”解题教学不仅仅是为了会解题目，而是通过解题学会数学思维，以便自己提出并解决新问题。培养数学思维就是教师要能够以题目为平台，提炼数学思想，让学生慢慢学会从数学角度分析、解决问题，也只有这样，才能将所解决的新问题整合、内化、重组，纳入到原有的知识框架中，同时也使原有框架得到充实和提升。在本案例中，在建模思想的引领下，求最大值；在化归思想中，实现化“未知”为“已知”，化“难”为“易”。在这个过程中，学生把一个个知识点重组，形成知识链，织成知识网。当这一切内化成学生的自觉行为时，我们的数学教学便上了一个更高的台阶。

总之，无论是在知识的形成阶段，或推导阶段，或总结阶段，都有渗透数学思想方法的土壤，都有介绍数学思想方法的机会，都有突出数学思想方法的时机，关键在于教师自身要有这样的意识：面临一部分教学内容时，要思考这部分内容与什么数学思想有关，对于这个数学思想，基于学生现有的知识水平，应该怎样向学生渗透、介绍、提炼或突出？只有这样，教师自身才会行走在进步的路上，教师才会引领学生行走在进步的路上！

日本著名的数学教育家米山国藏在《数学的精神、思想和方法》中明确提出：学生在初中、高中等所接受的数学知识，因离开学校进入社会没有机会应用，这种作为知识的数学通常出校门后不到一两年就会忘掉。然而，不管他从事什么工作，唯有深深铭刻于头脑中的数学精神、数学的思维方式、研究问题的方式、推理方法和着眼点等，却随时随地发挥作用。米山国藏先生的话振聋发聩，这是“人人都能获得良好的数学教育，不同的人在数学上得到不同的发展”的真正诠释！我们在一线的数学教学过程中，只有处理好作为载体的数学知识与培养数学思维能力之间的关系，处理好学生的现状与学生的未来发展之间的关系，处理好“应试能力”与“素质发展”的关系，才能真正让我们的数学教学有效果、有效率、有效益！

第五章
关注学习策略是提高教学质量的关键

第一节　“以教导学”树立教学为学习服务理念

早在两千多年前，我国教育的先驱孔子就曾指出“学而不思则罔，思而不学则殆”。这说明在教学活动中，指导学生“学会学习、学会思考”远比“学会知识”更重要。我们都知道，数学教学是数学活动的教学，是师生交往、互动与共同发展的过程。把教师的教与学生的学结合起来，最终使教师的教转变为学生的学，转变为学生掌握学习方法，具有良好的学习策略，是我们追求的教学最高境界。但部分教师受“应试教育”的影响，在教学中经常只注重结果，甘心作为知识的传输器，只以学生“学会”为目的，而不以“会学”为目标，其显现出的结果往往是课堂教学效率大打折扣，即使从短期内来看有些同学学习效果不错，但长期来看，很多学生往往是高分低能。

【案例 1】裴光亚先生在谈教学方式时曾经举了这样一个例子：某公园有一圆形水池，现要沿水池一圈增设栏杆，因此需要知道水池的周长，如何求它的周长？问题出来后，许多同学束手无策，不会解答。究其原因，原来学生认为要求周长，必须先知道半径，而要测量水池的半径一时又有困难。但一个普通的工人却非常容易地解决了这个问题，因为只要有足够长的绳子，就可以沿水池一周把它测量出来。

【案例剖析】推敲裴光亚先生提出的这个案例，问题在于为什么面对现实世界中的周长问题，我们想到的是周长的计算公式，而不是周长的本来意义？我们学周长的意义何在，为什么学周长公式的结果与我们解决问题的初衷背道而驰？难道计算周长不是现实的需要，现实中的周长不可以直接测量吗？显然，出现这种现象与单纯的接受式学习是分不开的。试想一下，如果我们的教学从问题出发，从确立求周长的目标意识出发，给学生以思考的机会、探索的机会、实践的机会，让学生经历由测量到探求周长与半径关系的过程，学生还会对这样的现实问题束手无策吗？还有一个故事：有一个游泳教练，带着 60 人一个班的学生准备练如何游泳，每次上课的时候，都是游泳教练一个人奋不顾身地跳入游泳池里，拼命地游，然后 60 个同学在旁边记笔记。老师游得真好，然后老师边游边说，记住啊！左手和右手的区别，记住啊！怎么换气？大家都在旁边记，换气是怎么怎么一回事！这个情境多像我们的某些课堂，教师辛苦讲解，学生辛苦记忆，结果却不尽如人意。这就不由让我们深思，课堂中如何才能让学生更有效地学？

《课标(2011年版)》指出："好的教学活动，应是学生主体地位和教师主导作用的和谐统一。一方面，学生主体地位的真正落实，依赖于教师主导作用的有效发挥；另一方面，有效发挥教师主导作用的标志，是学生能够真正成为学习的主体，得到全面的发展。"所以，我们应该转变教学观念，从片面注重教师教学方法到切实关注学生学习策略，从"知识为本"的思想转变为适应素质教育的"以人为本""以学生的发展为本"的思想。传统的教学过分关注教学方法的选取和设计，而忽视学生的学习规律和特点，要从"学"和"会学"的视角去研究教学，在教学中，有效地启发学生的思考，使学生成为学习的主体，教会学生学习的方法和学习策略，逐步学会学习。

第二节　"以学定教"彰显教学本质：促进学生发展

要了解教学的效果，就必须对教学进行评价，评价的目的是为了促进学生的发展。我们知道学生不是流水线上的产品，不可用同一把"尺子"进行度量。因此对学生进行评价，首先要明白评价的目的是什么？是通过考试总结一段时间的学习状况，为评比提供依据，还是为了促进学生的发展。前者是评价的选拔和甄别功能，后者是评价的发展和激励功能。另外，如何体现"不同的人在数学上得到不同的发展"也是教师在评价时需要关注的。《课标(2011年版)》明确指出，"在教学活动中，要鼓励与提倡解决问题策略的多样化，恰当评价学生在解决问题过程中所表现出的不同水平；问题情境的设计、教学过程的展开、练习的安排等要尽可能地让所有学生都能主动参与，提出各自解决问题的策略，并引导学生通过与他人的交流选择合适的策略，丰富数学活动的经验，提高思维水平。"

【案例2】片段1：办公室里，小王老师看着桌子上挑出来的一沓作业本，不禁有点生气。"现在的孩子都怎么了，我昨天才布置了4道题目。检查出来竟然有7个人没完成，你们说说看，他们还想学习吗？"

下课时，班长小涛被老师喊进了办公室。

教师：昨天我布置的4道题目难吗？

小涛：一点也不难，我一会就做好了。

教师：(自言自语。)那怎么这么多人没完成？

过了一会，没完成作业的小强也被老师喊进了办公室。

教师：昨天作业为什么没有完成？

小强：我数学基础不好，有两个题目我不会做。

教师：还找理由，我都了解过了，题目根本不难。再说小兵原来基础也不好，他怎么能做出来。

小强：可是我是真的不会。

教师：那班级上那么多人为什么都会做，他们和你难道不是在同一个课堂上吗?

小强：我……

看着小强低下了头，小王老师拍了拍小强的肩膀："下次记得作业一定要做完，这样成绩才能提高上去，我也是为你好。"

片段2：在学习"完全平方公式"后，张老师设计了三个层次的星级作业：

*级：(1)$(x+1)^2=$________；　(2)$(x+2)^2=$________；

**级：(3)$(2x+1)^2=$________；　(4)$(-2x+3)^2=$________；

***级：(5)$102^2=$________；　(6) $99.8^2=$________。

老师要求"*级"作业是每个同学必须完成的，"**级"作业尽量去完成，"***级"作业挑战自己能力去完成。

【案例剖析】课外作业是课堂教学评价的外在体现，是对课堂学习内容进一步的巩固与内化，对提高学生的学习能力和运用所学知识解决问题能力是非常有益的。但长期以来，由于受到传统教学模式的束缚，教师在布置作业方面，往往会忽视学生的学习水平、智力以及个性发展的差异。如片段1中，教师不顾及学生个体的差异，采用"一刀切"的方式让学生"平等"地完成老师每天布置的作业题。这样，学习好的学生就会感觉"吃不饱"，水平一般的学生难于提高，特别是学习有困难的学生还"吃不了"。对于四道练习题，班长小涛感觉很轻松，而小强本身的数学基础比较薄弱，他很可能完成不了。我们不能把小强和数学基础好的同学相提并论，不能因为大多数同学能完成就一定要求他必须完成。"这样成绩才能提高上去，我也是为你好"所隐藏着的是"压迫式学习"。片段2针对不同层次的学生，布置不同难度的作业，让不同层次的学生都能完成作业。第一个层次的作业，是为了巩固数学基础知识而设置的，人人必做。第二个层次的作业，对学生要求较高，对知识的理解程度和灵活运用要求也较高，要求大多数能做。第三个层次的作业，是专为学有余力的学生准备的。在完成作业的过程中，基础薄弱学生体验学习成功的乐趣，优秀生"跳一跳"摘到自己所需的"果子"，不同认识水平的学生得到了不同层次的发展，符合新课程的教育目标。

当然，分层的评价方式不应局限于课外作业，教学中教师也要及时了解并尊重学生的个体差异，尊重学生在解决问题过程中所表现出的不同水平。对课堂中部分难度较大的例题和习题，也可以分层要求，满足不同层次学生的学习需要，有效地实施差异教学，使每一名学生都能得到成功的体验，真正"让不同的学生得到不同的发展"。

【案例3】在学完"圆锥的展开图"后，教师给同学们设计了一份特殊的考卷："合作卷"。时间35分钟，其中独立思考、合作交流、答卷共30分钟，自评和互评5分钟。教师将学生分成4人一小组，在小组内，4人合答一份卷子。4人根据需要进行合理分工，在解决问题的过程中进行合作，共同完成任务。答卷完成后，进行自评和互评，根据在解决问题中的表现，经过讨论作出小组成员表现的评价，填入表格，得分一栏由教师填写，满分 20 分，成绩计入总分。

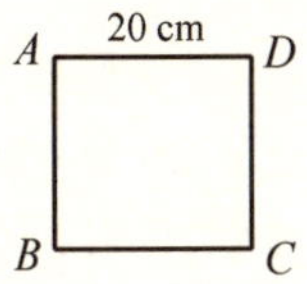

图 5.1

试题：利用提供的正方形材料纸片，制作一个带盖的圆锥体。

要求：圆锥体的表面积尽可能地大。（材料如图 5.1 所示）

小组成员合作交流评价表

班级________小组________姓名________

评价内容	评价指标				自评分	他评分
	非常出色（0.85～1）	比较好（0.7～0.85）	一般（0.5～0.7）	需要努力（0～0.5）		
对小组活动的贡献和个人工作的完成（10 分）	积极参与小组活动。强烈关注小组活动目标的达成。为小组达成活动目标做出巨大贡献。很好地完成了小组分配的任务。	参与到小组活动中。对目标的达成表现出关心。参与到小组活动计的设置中。为完成小组活动目标而努力。完成了小组分配的任务。	偶尔参加小组活动。对小组活动计划表现出一定程度的关心和了解。偶然参与到小组活动计划的设计中。完成了小组分配的任务。	不参加小组活动。对小组活动计划漠不关心。阻碍小组活动计划的设计。阻碍小组达成目标。不能完成小组分配的任务。		
讨论与聆听（5 分）	能够和大家分享很多与小组活动主题有关的想法。鼓励小组成员分享其观点。积极倾听别人的表述。	受到鼓励时与大家分享自己的想法。能够被所有组员接受。经常倾听别人的意见。	受到鼓励时偶尔会与大家分享自己的想法。能够被大部分组员接受。有时候会倾听别人的表述。	阻碍组员间的讨论。没有参与到小组讨论当中。不倾听别人的意见。不考虑别人的感受和想法。		
对小组测评、活动中的问题解决以及小组建设的贡献（5 分）	鼓舞小组组员士气。投身到小组活动过程中遇到的每一个问题。积极参与小组活动并帮助其他组员，使小组团结协作。	参与到小组测评过程中。经常为解决小组活动过程中遇见的问题提出意见。所做的努力能够团结小组。	对小组活动测评表现不够积极。偶尔为解决问题提供一些意见。所做的努力有时候能团结小组共同合作。	对本小组的活动表现没有信心。没有积极面对小组活动中出现的问题。有促使小组人心涣散的表现。		
教师评分						

【案例剖析】案例中的教师改变了以往一张试卷考到底的方式，在常规试卷中辟出了20分安排了一道“合作题”，相比于常规试卷中最后压轴题的“面目可憎”，“合作题”面目亲善了许多，也更受同学们的欢迎。除了考试形式新颖以外，更多的是使得全体学生都能参与其中，既评价自己，也评价同学。在合作过程中，教师不仅要关注学生的学习结果，更要关注学生在学习过程中的发展和变化。

《课标(2011年版)》明确指出，“要构建多元化发展性的数学评价体系，对学生学习水平的评价既要关注学生学习的成果，更要关注学生的学习过程；要将形成性评价和总结性评价结合起来，既要关注学生学习数学的水平，更要关注学生在学习活动中表现出来的情感、态度和创新精神。”

因此教师要改变考试的方式，尝试将书面考核和能力考核结合起来，将闭卷考试和开卷考试结合起来，将教师评价和学生自我评价结合起来。传统的评价只关注分数，新的评价应体现对学生情感、态度、价值观的评价，但若取消分数和等级，却难以体现评价的区分、选拔功能，使学生缺乏对自己的合理定位，缺乏前进的目标。可将书面考核和能力考核内容，确定适当的比例和量化权值，使评价具有更高的科学性。不妨尝试将平时成绩、期末成绩和综合性实践活动成绩按照一定权值综合评分。这样我们在对学生评价时，就可从关注学生单一技能转变为关注学生全面发展。

第三节　在观察和倾听中赏析学生

我们知道，在数学课堂上离不开教师的提问和学生的解答。教学过程也是教师和学生相互倾听与应答的过程。在这一过程中信息的传递是双向(甚至是多向)的，而保证有效信息传递的前提就是教师能够有效地倾听，然后作出正确的回应。当教师在关注如何解决好问题的同时，更要关注如何对学生的回答以恰当的回应，并如何利用学生的回答生成新的更深层次的提问。要做到这些，都离不开教师课堂上的有效倾听。学生的倾听同样也是学习数学的一个重要策略，倾听教师的讲解而解惑，倾听同学的讲解可以对比思维方式的优劣，从而优化自己的思维方式。

【案例4】片段1：不等式组学习之后的复习课。

已知不等式组$\begin{cases}x<2m+1,\\x>3m-1\end{cases}$无解，求$m$的取值范围。

教师：第一个不等式的符号是什么？

学生1：小于。

教师：第二个不等式的符号是什么？

学生2：大于。

教师：不等式组无解，说明在数轴上它们没有公共部分，对不对？

学生(齐)：对。

教师：所以由图可得 $2m+1$ 与 $3m-1$ 的大小关系是什么？

学生3：大于 。

教师：嗯？是大于吗？

学生3：是小于。

教师：就小于而已？

学生3：小于等于。

教师：对，答案应该是小于等于。

片段2：不等式的应用。

例题：一个班的同学在课外活动时间分组活动，有一半学生在打排球，四分之一学生在学音乐，七分之一学生在打篮球，还有剩下不到6位同学在踢足球，请问这个班有多少名同学？

教师：这个应用题你打算用什么方法来解决？

学生：题中出现了不等关系，我想用不等式来解。

教师：嗯！请说说你的方法。

学生：首先设这个班有 x 名同学，则打排球的有 $\frac{1}{2}x$ 名，学音乐的有 $\frac{1}{4}x$ 名，打篮球的有 $\frac{1}{7}x$ 名，踢足球的应该是 $(x-\frac{1}{2}x-\frac{1}{4}x-\frac{1}{7}x)$ 名，所以可得不等式：$x-\frac{1}{2}x-\frac{1}{4}x-\frac{1}{7}x<6$，解得 $x<56$，所以 $x=55$，54，…

学生：老师，好像不对，有若干答案了。

教师：哪边出问题了？

学生：设未知数没问题，列方程、解方程也对，问题出在哪呢？

教师：恩，解得很好，不要急，再回头审一遍题，看看有没有忘考虑的地方。

学生：我想想。是不是需要考虑一些实际意义的量？就是 x 要取正整数，但还是很多。

教师：除了 x 之外呢？

学生：哦，还有打排球、学音乐、打篮球的人数也应该是整数，所以 x 应该能整除2，4，7，所以 x 只能是28。

教师：你分析得很到位，谢谢你给同学们提供了一种分析的方法。

【案例剖析】数学是思维的科学。数学课堂教学中的有效倾听不是一般意义上的倾听，一方面，它要求教师不仅要倾听学生回答了什么，正确与否，还要做到对学生思维过程的倾听，能从不同的回答中挖掘其潜在的教学价值。另一方面，教师不仅仅停留在倾听，还要在倾听的过程中快速判断学生数学学习中存在的问题，还要能把学生的声音转化为有效教学的资源，开发并转化他们的观点，并以此作为进一步追问、引导的起点和阶梯。片段1中，教师牢牢地控制着提问的方向，一旦学生的回答超出了教师的设计，教师便立即出来纠正，教师时刻掌握着课堂的主动权。对话中的简单的“是?”“不是?”“对?”“不对?”等问题，完全没有给学生阐述的机会，也就谈不上正确倾听学生的意见，以及从中发现问题。

数学课堂问题的设计，往往是由浅入深，逐步展开的。学生对于较复杂数学问题的思考也有一个步步深入的过程，不可能一开始就有答案。在倾听学生时，教师一般不要打断学生的思路，但当学生“卡壳”时，教师就该出手干预了。此时教师最好进行适当地启发引导，让学生自己去捅破那层“窗户纸”，令学生感觉“柳暗花明”。尤其当学生思维方向出现错误时，教师的及时“出手相救”可令学生体味“雪中送炭”，倍感亲切。片段2中，教师对于学生可能出现的错误了如指掌，在学生卡壳时，不急于纠正，而是尽量让学生去思考、去发现：“是不是需要考虑一些实际意义的量?”进一步启发：“还有打排球、学音乐、打篮球的人数也应该是整数，所以 x 应该能整除2、4、7。”步步深入，最终问题得以解决。

在学生每一次回答问题后，教师始终微笑着面对，用赏识的目光看着他们，耐心听他们把问题说完，学生会感觉到来自教师的理解、宽容、尊重、关爱，体验可贵的心灵满足，真正从心底涌起被人欣赏(特别是被教师欣赏)的幸福。这样做的意义远远超过仅仅给学生一次表达的机会，从更深层次上看，它给学生带来的是人格的关爱，点燃的是思维的火花，铸就的是价值的追求。学生也会从教师身上读懂倾听的态度、倾听的习惯，并潜移默化地受到影响。因此除了教师要善于倾听和观察，还要培养学生这方面的能力。

【案例5】由一道填空题引起的思考。

题目：平行四边形相邻两内角的角平分线所成的角是________。

教师：大家可尝试画图，然后解决问题。

学生1：在这道题中，可画示意图(图5.2)。

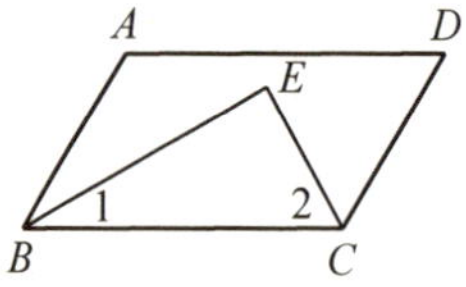

图5.2

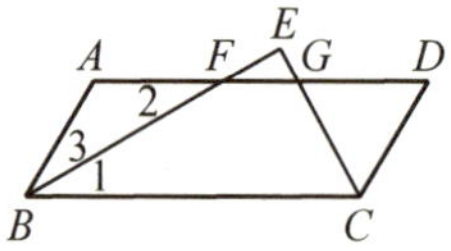

图5.3

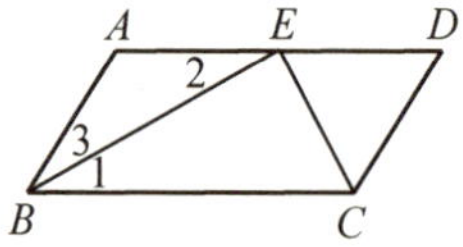

图5.4

∵四边形 $ABCD$ 为平行四边形，∴$\angle ABC+\angle BCD=180°$。

又∵BE、CE 为 $\angle ABC$ 与 $\angle BCD$ 的角平分线，

∴$\angle 1=\dfrac{1}{2}\angle ABC$，$\angle 2=\dfrac{1}{2}\angle BCD$，

∴$\angle 1+\angle 2=90°$，∴$\angle BEC=90°$。

教师：画图、解答都很规范，谢谢刚才这位同学给我们带来的思路。

这时另一个同学举手示意。

学生2：老师，我画的示意图跟刚才学生1的示意图不一样，但解答过程是一

样的。(如图 5.3)

教师：的确，两个图形的区别就在于点 E 的位置，第一个图中点 E 在四边形内部，第二个图中点 E 在四边形外部。同学们思考一下，为什么会出现这样的情况呢？

同学们很快沉浸到新问题的思考中……

学生 3：是不是因为平行四边形的形状改变了，所以点 E 的位置才会发生变化。

教师：你的观察很仔细，那平行四边形符合什么条件时，点 E 的位置会在四边形外部呢？

学生 4：是否可以反向推理？如示意图(图 5.3)，当点 E 在四边形外部时(如图 5.3)，设 BE 与边 AD 相交于点 F，CE 与边 AD 相交于点 G，由学生 1 的证明易知：$AB=AF=DG=DC$，$\because AF+DG<AD$，由此可得，当 $AB<\frac{1}{2}AD$ 时，BE 与 CE 的交点 E 在平行四边形的外部。

学生 5：前两种情况中点 E 分别在四边形内部和外部，我猜想，点 E 应该还会在四边形的某一边上。由此可画示意图(图 5.4)，当点 E 在 AD 边上时，$\because$ 四边形 $ABCD$ 为平行四边形，$\therefore AD\parallel BC$，如图有 $\angle 1=\angle 2$，又因为 BE 为 $\angle ABC$ 的角平分线，$\therefore \angle 2=\angle 3$，$\therefore AB=AE$，同理可证 $DE=DC$，在平行四边形中，$AB=CD$，$\therefore AB=AE=DE=DC$，即 $AB=\frac{1}{2}AD$。由此可得，当 $AB=\frac{1}{2}AD$ 时，BE 与 CE 的交点 E 在平行四边形的边上。

学生 6：由上两题的结论可推理出：当 $AB>\frac{1}{2}AD$ 时，BE 与 CE 的交点 E 在平行四边形的内部。

教师：了不起的观察，了不起的猜想，了不起的推理！让我们为自己的发现而自豪。(掌声)

【案例剖析】初中数学教学的基本任务之一就是要让学生掌握数量关系、几何图形的基础知识和基本技能，具有一定的运算能力、处理数据的能力和初步的空间想象力、逻辑思维能力。这一目标的实现，离不开数学观察能力的培养，无论是研究图形、数字、符号还是数据关系，都离不开观察，只有学生的观察能力得到切实提高，学生数学学习的质量才能得到本质提高。案例中的老师巧妙地将学生 2 发现了特殊现象“返回”给学生继续进行观察、思考，引导学生进行观察、分析，抽象概括，运用知识进行判断。最终揭示当平行四边形形状发生改变时，点 E 的位置变化关系，并且进一步引发了学生探究的动力，归纳推理得出了其内在本质。

《课标(2011 年版)》指出，“组织学生操作实验、观察现象、提出猜想、推理论证等，都能有效地启发学生的思考，使学生成为学习的主体，逐步学会学习。”由此看出培养学生观察力的重要性。当然观察不是简单地看，而是带着既定目的调动自身观察器官去看、去感悟。学生由于年龄关系和所受教育的不同，在观察能力上都存在着一定的欠缺，有的学生在观察中分不清重点，往往会捡了芝麻丢了西瓜；有的学生在观察中忽视了主次，常常会出现本末倒置。这就要求教师在培养学生数学观察能力时，一定要有一套切实可行的方案，要注意把观察的方法传授给学生，做到“授之以渔”。对于数学观察而言，从观察顺序来说，一般都要从整体到局部，又由局部到整体；从观察方法来说，可分为分类观察、从一般到特殊的观察、从特殊到一般的观察、对比观察等。在形成一定观察习惯之后，我们要让学生学会主动、积极观察，在观察中发现新的规律和现象，从而为将来探究和发现打好基础。观察的目的之一是提高学生的思维能力，在教学过程中，我们必须时刻注意教育学生把观察与思维训练紧密结合，让学生的眼睛明亮起来，能够敏锐地发现观察对象存在的隐含条件，使学生的思维进一步得到发展。

第四节　让智慧在行动中闪光

学生主动参与、积极探究是数学学习能力的重要保证。《课标(2011 年版)》明确指出：“学生获得知识，必须建立在自己思考的基础上，可以通过接受学习的方式，也可以通过自主探索等方式；学生应用知识并逐步形成技能，离不开自己的实践；学生在获得知识技能的过程中，只有亲身参与教师精心设计的教学活动，才能在数学思考、问题解决和情感态度方面得到发展。”“教师与学生的合作主要体现在：教师以平等、尊重的态度鼓励学生积极参与教学活动，启发学生共同探索，与学生一起感受成功和挫折、分享发现和成果。”为此，我们的数学课堂，应改变教师片面追求教师个人能力，取而代之的是注重引导学生参与活动，经历探究问题的历程。

【案例 6】在进行《圆》概念课时，教师设计了如下的两个情境。

情境 1：教师提供了两种道具：棉线和皮筋，请同学们利用所提供的棉线和皮筋分别画圆，并交流作法和体会。

教师：根据大家的操作，有何发现？

学生：棉线可以画出圆，皮筋不可以画。

教师：能否解释两种工具为什么会产生完全不一样的结果呢？

学生(经过讨论)：棉线有固定长短，而皮筋在操作过程中，长度一直在改变。

教师：这种结果影响了什么因素，使之无法形成圆。

学生：半径。

教师：说得很对，让我们一起利用棉线合作在黑板上画出圆形，能描述一下刚才画图的步骤吗？

学生纷纷举手。

……

情境 2：滚弹珠的游戏。若全班同学沿着红线站成一横排，请问游戏对所有同学公平吗?

图 5.5

图 5.6

学生：不公平，有人距洞口近，有人距洞口远。

教师：那全部同学应该怎样站，就可以公平了?

学生：只需要根据洞口位置，站成圆形就好。

引出：圆上各点到圆心的距离都等于半径。

问题 1：甲、乙两人分别站在图中⊙O上的A、B两点处，他俩正准备参加游戏，后来丙、丁也赶来参加，并分别站在了图中所示的P、Q两点处。如果你是甲同学，你会有怎样的看法?

问题 2：再后来，小明同学也来参加游戏，他站的位置是图中所示的M点，但他发现地上的线几乎看不清了。请问小明同学怎样才能知道自己恰好站在圆上?

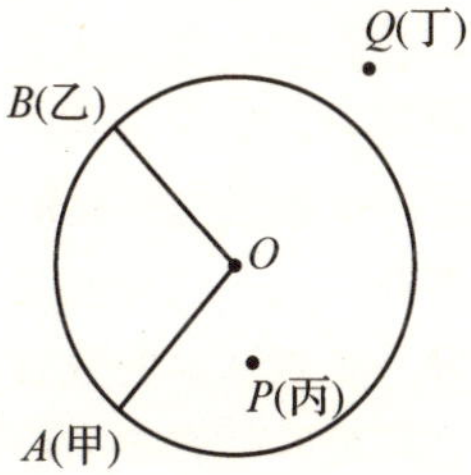

图 5.7

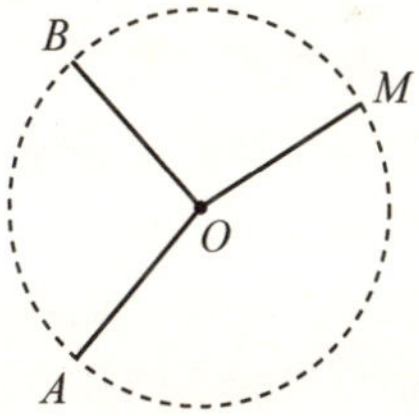

图 5.8

【案例剖析】情境 1 中学生对圆的初步印象在小学中已经形成，而要由直观图形抽象得到圆的描述性定义，对学生来说是一个难点，也是培养学生几何意识的重要一步。如果教师直接让学生来描述圆的概念，我想学生很难准确描述。而案例中教师通过精心设计，让学生通过操作，分别利用棉线和皮筋画圆。让学生从两种不同的结果中产生认知冲突，进一步分析其内在原因，两种工具的区别在于棉线是有固定长度的，而皮筋在操作过程中，长度一直在改变。由此分析产生圆的必要条件：圆心和半径。在师生进一步共同操作中，学生感知形成圆的过程，通过归纳关键步骤，逐步在头脑中形成这样几个关键词：一端要固定，绷直，另一端旋转一周，形成圆的描述性定义：线段OP绕着它固定的一个端点O在平面内旋转一周，另一端点P运动所形成的图形叫做圆。圆的概念不是教师讲解所得，而是通过学生自己操作过程中感悟所得，而且在圆的定义的建构过程中，让学生经历观察、实验、猜测、推理、交流、反思的过程，感悟知识的形成和应用。对于学生理解数学知识与方法、形成良好的数学思维习惯和应用意识有着重要作用。情境 2 中通过学生耳熟能详的滚弹珠活动，将“点与圆的位置关系”本质内容蕴藏其中，在游戏条件逐步变化的过程中将学生的理解引向深入。围绕“滚弹珠”这一贴近学生生活化的主线，学生不仅节约了熟悉背景的时间，而且形成了较为系统的知识，通过判断参与游戏同学的公平性，自然而然得到圆的相关知识，进一步在观察和判断点和圆的位置关系中，得到 d 与 r 之间的数量关系，体现了数形结合的思想。更重要的是学会了“数眼看生活”，形成了一定的数学应用意识。

在设计过程中，教师力求将情境和知识完美结合起来，实现让学生“身临其境”的目的，不仅将学生的积极性充分调动起来，更是将学生的创新精神激发出来，与其说学生学生的一些创新想法是由教师启发出来，不如说是被教师设置的情境“逼”出来。这正说明我们在教学实践中需要“放手”，学生只有亲身参与教师精心设计的教学活动，才能在数学思考、问题解决和情感态度方面得到发展。

当然，需要指出的是，教师设计活动应为促进学生思维发展，如果仅仅是为了追求形式，或者单单为了追求课堂气氛，那么这种活动还是少设计为好。如上述案例中由于情境设置恰当，把问题潜藏在学生的最近发展区，所以在课堂教学过程中，“回顾、思考、操作、交流、合作、讲解”等各种活动自然而和谐地开展，没有丝毫为活动而活动的痕迹，整个课堂中，学生身临其境，投入其中，参与度高，思维密度和强度大，思维成果多，可以说是真正做到了以学生为主体，让学生在活动中经历知识的产生、发展、收获过程。当然，设计这些“智慧”性的活动过程不是一蹴而就的，需要教师在平常教学过程中不断探索和完善。这样的教学行为，无疑教会学生研究问题的一般方法，从观察和实验出发、猜想基本的数学事实、得出结论后进行验证，并能反思解决问题方法的优劣，这正是教师教学中应交给学生的学习策略。

【案例 7】片段 1：七年级“一元一次方程的应用”教学片段。

教师：我们来一起研究一道例题。

例题：学校需要制作一块广告牌，请来师徒两名工人，已知师傅单独完成需要 4 天，徒弟单独完成需要 6 天，两人合作需要几天完成？

解：设两人合作需要 x 天完成，根据题意列方程：$\left(\frac{1}{4}+\frac{1}{6}\right)x=1$。

解这个方程，得：$x=2.4$。

答：师徒两人合作需要 2.4 天完成任务。

教师：大家掌握了吗？

学生：掌握了！

教师：为了巩固刚学的知识，接下来看两道练习题。（在多媒体上出示习题。）

练习题：

(1)一件工作，甲单独完成需4小时，乙单独完成需6小时，两人合作需要几小时才能完成？

学生：2.4。(齐声答。)

教师：非常好，大家掌握得很不错！再看下一题。

(2)一个水箱，有两个出水开关。如果单开甲开关，则需要2小时放光水箱里的水，如果单开乙开关，则需要3个小时放完水箱里的水。现在把两个开关同时打开，则经过多长时间可以放光水箱里的水？

学生：等一下，答案马上出来！

教师看着下面快速计算的学生，脸上浮现出欣慰的笑容。

学生1：1.2。

学生2：对，1.2。

学生3：真轻松。

……

片段2："一元一次方程的应用"教学片段(情境同上。)

教师：掌握了吗？

学生：掌握了！

教师：真的？我出个题目考考大家！(用多媒体在黑板上出示习题。)

练习题：

(1)学校需要制作一块广告牌，请来师徒两名工人，已知师傅单独完成需要4天，徒弟单独完成需要6天，一人先做一天再和另一人合作，需几天完成？

学生1：不是跟刚才的题目一样吗！

学生2：不一样的，在原来题目基础上进行了变化。

学生3：其实也简单，把一人先做的量从总量中扣掉不就行了。

教师：想得不错！

学生4：还有一个问题。"一人先做"，可是没说哪个人先做啊，可能是师傅，也可能是徒弟，得分情况来解决。

(学生4的回答赢得了大家的一片掌声，解答过程略。)

教师：刚才大家解决一个问题，还想接着挑战吗？

学生：想！(老师出示习题。)

(2)学校需要制作一块广告牌，请来师徒两名工人，已知师傅单独完成需要4天，徒弟单独完成需要6天，两人先合作一天再一人单独做，几天完成？

很快，不少同学的手举了起来。

学生5：我发现习题(1)是先独做再合作，而习题(2)则正好相反。所以只要将习题(1)的解答过程稍微变换一下即可。

学生6：跟习题(1)相类似，也要采取分类解决的方法。

教师：两位同学的分析真是精彩！现在还剩下最后一项挑战，让我们再接再厉去克服它。

此时学生群情激昂，“眼巴巴”地等着老师的题目。

(3)学校需要制作一块广告牌，请来师徒两名工人，已知师傅单独完成需要4天，徒弟单独完成需要6天，若徒弟先做一天，然后师徒合作完成，制作费共500元，问每人各得报酬多少元？

所有的学生都快速地浏览着题目，认真地思考着……

学生7：我！

学生8：老师，我！

学生9：我来。

……

此时，学生的激情被完全激发出来，课堂的气氛达到了高潮。

【案例剖析】问题是数学的心脏，合理的问题设置，有利于课堂教学的展开与深入。习题是训练学生思维的材料，是教师将数学思想、方法以及分析问题和解决问题的技能技巧传授于学生的载体。《课标(2011年版)》指出，有效的数学学习活动不能单纯依赖模仿与记忆，动手实践、自主探索与合作交流是学生学习数学的重要方式，即学生要在“做”“观察”“实践”“制作”“探索”等一系列活动中发现和解决问题。

片段1中教师在讲解完例题后，选用了两道练习题。很显然，教师在教学方法上选择了变式教学，从学生的表现来看，也取得了很好的效果。细细推敲，学生是否真正实现从认知到理解，从理解到应用的转变要打一个大大的问号。变式与例题有惊人的相似，练习的第一小题只是将相同的问题换了个包装，将“师”换成了“甲”，将“徒”换成了“乙”，如果学生“依葫芦画瓢”还回答不出答案，那就真的是笑话了。再看练习2，初看好像是对问题进行了变式，实际上也就是换了个数字，正所谓“换汤不换药”。练习2也只能算是例题的机械模仿，这样的练习对于学生思维训练几乎为零。学生怎么会深化理解所学知识？课堂又怎么能提高学生的解题能力？课堂上老师脸上欣慰的笑容，学生口中的“真轻松”，留给我们的是深刻地思考。我们不难发现，这里的“变式”是同一程度下的变式，“变”得过于简单。过于简单的变式题会让学生认为是简单的“重复劳动”，影响他们思维的质量。虽然这种简单的变式也是必要的，但它们在层次性上显得单调，在开阔性上显得狭隘，知识的纵向拓展不够。

片段2中学生学完了例题后，对利用“一元一次方程”解应用题有了一定的认识。此时设计变式训练，在同一个主干问题下设计了3个不同的分问题。这三个问题源于例题，又高于例题。将例题自由演变，引发了学生对同一问题进行多角度的探索与思考。在解答过程中，学生发散性思维得到了提升。如“分情况解决问题”，通过例题和习题的合理搭配，帮助学生沟通了知识之间的纵横联系，让学生对“一元一次方程的应用”有了更深的理解。不仅巩固了知识，完善了解题技巧，从而激发了学生学习的兴趣，培养了学生思维的深刻性。

著名数学教育家波利亚曾形象地指出：“好问题同种蘑菇类似，它们都成堆地生长，找到一个以后，你应当在周围找一找，很可能附近就有好几个。”因此，我们在教学活动中，不能仅仅就题论题，孤立解题，而应该对试题进行适当的变式，将一道静态的封闭的试题从不同角度、不同层次、不同侧面出发，变化为一道动态的、开放的试题。

当然，习题变式不能仅停留在“变”的形式上，更应该追求变的“质”上。因此，在进行习题的变式时应注意：一要突出一个“变”字，变式题与原题之间要有明显的差异，要使学生对每道变式题既感到熟悉，又觉新鲜，要努力使学生从“变”的现象中发现“不变”的本质，从“不变”的本质中探究“变”的规律，真正体现变中求“新”，变中求“异”。二要注意一个“度”字。变式题要有一定的难度，才能对学生有挑战性，才能调动学生积极思考。但是变式问题要由易到难，由浅入深，层层递进，步步深入，新问题要贴近学生思维水平的最近发展区，要让学生经过思考和努力能够跨过一个个“门槛”，让学生在积极探究后感受成功的喜悦和快乐。三要体现一个“宽”字。一幅好画境界开阔，会令人回味无穷。同样，好的问题变式，一定要内涵丰富，境界开阔，同时也要给学生留下广阔的思维空间。变式题应注意知识及学科之间的横向联系，注重特殊与一般、局部与整体、正面与反面等数学思想的贯穿，使学生在问题变式学习当中视野更宽广，思维更活跃，方法更巧妙。

由此看到，在数学教学中，若教师有目的、有意识地引导学生研究课本中的一些典型练习题，通过对其进行合理地变形、转化、延拓、综合，深入挖掘其中潜在的数学思想方法，这不仅有利于学生掌握基础知识，而且对于培养学生的应变能力、开拓思路、活跃思维等都是很有益的。这种训练，同时也符合目前中考命题的“源于课本、高于课本”的原则，通过课本例题、习题起到“窥一斑知全貌”“举一例能反三”的教学效果，更重要的是与新课标要求的“培养学生的创新能力”的本质相吻合。通过变式教学的示范引领，让学生体会数学问题的本质，通过问题的拓展、延伸、一般化等，引导学生会“数学化”的思考问题，自己去发现新的结论，发展创新思维能力，提高学习数学的能力。

第五节　不断改进的关键是要善于反思

“学而不思则罔，思而不学则殆”，这句话对我们的教学工作中有深刻的借鉴意义。我们都清楚，教师教学活动除了课前准备和课堂教学以外，课后反思也是教学过程中比较重要的一个环节。有的教师执教多年，却长进不快；有的教师虽然刚涉足教坛，却能后来居上。究其原因，主要在于教者是否善于思考、探索和总结。叶澜教授曾经说过一句话："一个教师写一辈子教案不一定成为名师，如果一个教师写三年反思有可能成为名师。"可见，写课后反思不失为一种促进教师改进教学策略，不断提升教学水平，提高教学质量的好方法。

【案例 8】宋老师准备了一节公开课，课题是："二次根式"概念课，为了能体现公开课的效果，宋老师先在另外一个班级试上一节课，试上完成后，同备课组的老师提出了一些想法，宋老师打开教案本，在教学情境这一段打上了记号，并写下了自己的反思和改进方案。下面是修改前后两种方案和相应课堂上学生表现实录。

原设计实录：

教师：同学们还记得"$\sqrt{\ }$"这个符号吗？

学生：是平方根符号。

教师进一步提问：$\sqrt{2}$、$\sqrt{\frac{3}{5}}$怎么读？这里的 2 和$\frac{3}{5}$叫做什么？它们分别表示什么数？

学生：读作"根号 2"和"根号 5 分之 3"。

学生：这里的 2 和$\frac{3}{5}$都是被开方数。

学生：它们表示平方为 2 的正数和平方为$\frac{3}{5}$的正数。

教师：很好！现在老师用 a 来表示被开方数，就可以得到$\sqrt{a}$ 。那么 a 在这里可以是任意实数吗？

学生：不能，必须满足 $a \geqslant 0$ 才有意义。

教师：当 $a \geqslant 0$ 时，$\sqrt{a}$表示 a 的一个平方根，把它看作由平方根号"$\sqrt{\ }$"与 a 所组成的式子时是一个代数式。

从今天开始我们就要研究这样类型的代数式。我们先给它起个名字叫做"二次根式"。

接下来是教师板书二次根式的概念"代数式$\sqrt{a}(a \geqslant 0)$叫做二次根式"。

……

课后反思：这样的引入考虑到了从具体到抽象，从已知到未知的循序渐进的教学原则，得到了大家的肯定。但在进入这一新知识点的学习时，这样的设计容易造成学生只知其然而不知其所以然。知道了要学习二次根式，至于为什么学习以及跟以前学习过的代数式，即整式与分式有什么区别或关联并不知晓，更无法激起学生去做联想思考的意识，也容易导致学生学习的割裂，不容易形成对知识块的整体认知。考虑到在横向上无论是整式、分式，还是二次根式都是沿着从概念到性质再到运算法则的研究路径展开的。八年级上册虽然只是出现了二次根式的教学，但是学习它不仅可以使学生对于初中代数式知识的认知趋于完整、系统，更是在研究路径上与七年级整式与分式有共通之处。这启发我们进一步思考，是否可以在“二次根式概念”教学引入环节上做些调整，帮助学生在进入新一知识点学习时就能对知识块形成初步的整体感知，从而也使得单元教学设计更具系统性与关联性。

修改后的教学实录：

教师提问：到目前为止我们都认识了哪些代数式？你还记得它们的概念吗？

学生活动：小组合作交流。

教师板书：

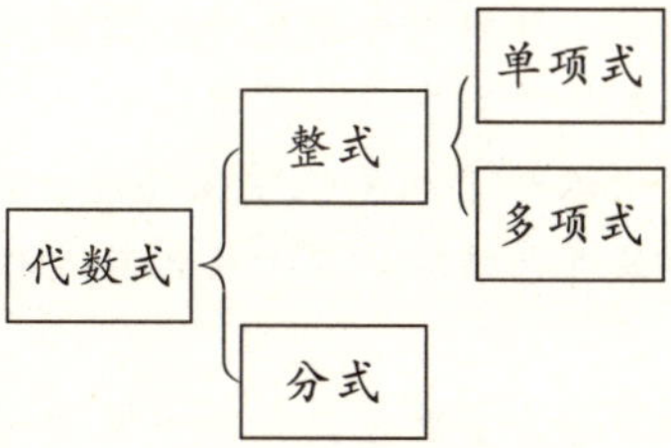

教师：观察下列代数式，根据已学代数式知识给它们分类。

(1)$3a-2b$；　(2)$-3xy^5$；　(3)$\frac{a+b}{a}(a\neq0)$；　(4)$\sqrt{x^2+y^2}$；

(5)-2；　(6)$\frac{x-y}{3}$；　(7)$\sqrt[3]{5b}$；　(8)$\frac{5a+b}{a-b}(a\neq b)$。

学生活动：小组讨论，形成分类结果。

组 1：(1)、(2)、(5)、(6)可分为一类，均为整式。

组 2：(1)、(6)分为一类，为多项式；(2)、(5)分为一类，为单项式。

组 3：(3)、(6)、(8)分为一类，均为分式。

组 4：剩下的(4)、(7)归为无法确定一类。

教师：原来代数式中还有这样一类式子，它的特点我们可以归纳为$\sqrt[n]{a}$的形式。同学们根据已学知识思考一下，对 n 和 a 会有什么要求吗？(引导回顾，得出 n 为偶数时 a 必须是非负数，n 为奇数时 a 为任意实数。)

引出概念：这样的代数式叫做根式，可以用$\sqrt[n]{a}$表示。

其中最简单的根式是 $n=2$ 时的根式。即指数为 2 的根式，我们叫做“二次根式”。根据根式概念的形式，你能写出“二次根式”的概念吗？

学生尝试给出二次根式的概念。

教师整理板书：

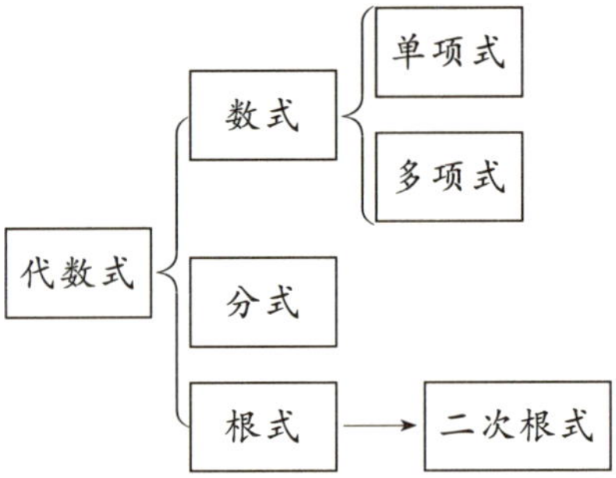

课后反思：本节课用代数式的分类引入，主要考虑数与式的知识整体框架在相当程度上具有共通性。如实数分为有理数与无理数，有理数又可以进一步划分为整数与分数。代数式也如出一辙，可分为有理式与无理式，有理式又可分为整式与分式。二次根式只是根式这一无理式当中最为简单的一类。这些是学生进一步研究二次根式的知识背景。这样的认识对于八年级学生可能会造成在思维能力上的挑战，所以提前对实数知识结构框架进行梳理，便于对代数式的结构框架认识做好方法结构上的铺垫。

【案例剖析】案例中的宋老师为了能在公开课中取得好效果，在第一次试上后写下教学反思，最后取得令人满意的效果。这正说明课后反思对于提升教师职业素质有着积极的作用。《课标(2011 年版)》明确指出，“通过得到的信息，可以了解学生数学学习达到的水平和存在的问题，帮助教师进行总结与反思，调整和改进教学内容和教学过程。”我们都知道课堂越“磨”越精彩，而“磨课”正是课后反思后再实践的一种具体表现形式。教师必须在教学实践后进行课后反思，反复地改进自己的教法，才能加快自己成长的步伐。当然课后反思不应该只在公开课前去进行，而应该把反思放在平时，放在每一个教学活动后。

那么课后反思具体该反思什么？课后反思对于教师来说就是：每上完一节课后，对整个教学过程的设计与实施进行回顾和小结，将经验、教训和体会记录在案。其实，教师写课后反思的过程等同于教师课后自我评价的反思过程。在实际教学中，我们常常发现教案虽好，但效果欠佳。这主要是因为教学对象的实际水平与课前的教学预设落差过大。这就需要我们在反思时注意把教学设计放缓难度，做到既不降低教学要求，又要使学生学有所得，学有所乐。当我们在课堂中发现部分学生课中与课后答题正确率偏差较大时，就要反思问题设计是否规范、是否有梯度等。总之，课后反思可以记录本节课的成功之处，也可以是教学中的失误、教训，或者学生在课上出现的疑难、错误、独到的见解，还可以记教师从中受到的启示和今后教学中应注意的问题等。如没有照顾到学困生、合作学习没有实效性、对学生的评价语不够恰当、没有及时解决学生的提问、探究性学习不够到位等，并对这些问题作出深刻剖析，找到今后解决问题的方法，以此作为完善的依据，从而达到提高自身素质，提高教学效果的目的。“教学有法，但无定法，贵在得法”，教学艺术是一个逐步提高的过程，只要注重总结经验，坚持做好课后反思，教学设计就会不断完善、不断创新，教学水平就会不断提高。教师也一定会在较短时间内形成自己独特的教学风格，取得满意的教学效果。课后反思除了教师要进行反思以外，我们认为学生课后进行反思也是提高课堂有效性的一个重要组成部分。《课标(2011 年版)》在提到情感态度这一项目标时，明确要求学生要养成认真勤奋、独立思考、合作交流、反思质疑等学习习惯，形成实事求是的科学态度。

【案例 9】我发现了三角尺的秘密。

一副三角尺(三角板)：含 30°角的直角三角形和含 45°角的直角三角形，是两个基本的三角形，是全球通用的数学学习工具！可见其工具性、基本性和丰富性，即必具有“工具”的效用、“基本”的特质和“丰富”的内涵。

1. 正方形沿着一条对角线剪开，可得两个等腰直角三角形，即含 45°角的直角三角形，其中一边含有无理数$\sqrt{2}$，正三角形沿着一条对称轴剪开，可得含 30°(60°)角的直角三角形，其中一边含有无理数$\sqrt{3}$。

2. 含 45°角的直角三角形的三边长度之比是 $1:1:\sqrt{2}$。含 30°角的直角三角形的三边长度之比是 $1:\sqrt{3}:2$。这两种基本三角形的边长分别是$\sqrt{1}$，$\sqrt{2}$，$\sqrt{3}$，$\sqrt{4}$。

3. 用一副三角尺可作出如下 11 个确定度数的角(平角不计)：15°、30°、45°、60°、75°、90°、105°、120°、135°、150°、165°。

4. 用两个相同的含 45°角的三角尺可拼出正方形、平行四边形、等腰直角三角形；用两个相同的含 30°角的三角尺可拼出矩形、平行四边形、正三角形、菱形和顶角为 120°的等腰三角形。

5. 含 45°角的三角尺绕直角边翻转(在平面上)，构成大的三角尺(相似比为 $1:\sqrt{2}$)；依次绕直角边、所得大三角尺的直角边连续两次翻转，构成更大的三角尺(相似比为 $1:2$)；绕斜边翻转，构成正方形，依次绕不同的直角边三次翻转，构成大的正方形(两正方形相似比为 $1:\sqrt{2}$)；依次绕斜边、直角边连续翻转，构成直角梯形(两底边长之比为 $1:2$，两腰长之比为 $1:\sqrt{2}$)。

6. 含 30°角的三角尺绕长直角边翻转，构成等边三角形；依次绕不同直角边连续三次翻转，构成菱形；绕斜边、短直角边连续翻转，构成大的三角尺(相似比为 $1:\sqrt{3}$)，绕斜边、长直角边连续翻转，构成直角梯形(两底长之比为 $1:2$，两腰长之比为$\sqrt{3}:2$)。

7. 每副三角尺斜边上的高相等。含 45°角的三角尺的斜边与含 30°角三角尺的长直角边等长。含 45°角的三角尺斜边上的高是斜边的一半。含 30°角的三角尺斜边上的高是长直角边的一半。

8. 含 45°角的直角三角形，是七巧板的基本图形，其中两块大的，两块小的，一块中等大小的，另外一块小正方形和一块平行四边形，均可由两个小的含45°角的直角三角形拼出，七巧板恰拼成一个大正方形。

9. 由两副三角尺拼合成的正三角形和正方形，是能铺满一个平面的两种基本的正多边形；一副三角尺，等长的两边接合，恰拼成一个四边形，这种四边形也能铺满整个平面。

10. 柏拉图的“几何或数学原子论”的观点认为，两种基本的三角形：半个等边三角形和一个等腰直角三角形(即半个正方形)，可以造出五种正立体图形中的四种：正四面体、立方体、正八面体与正十二面体，分别代表火、土、气和水四种元素。

【案例剖析】案例中的小文章是一名学生在《三角形》综合复习时写下的反思。他给文章标题定为《我发现了三角尺的秘密》，详细阐述了他在研究三角尺后，发现了一系列与之相关的“秘密”。文章虽然篇幅不长，但从中我们欣喜地看到了学生对课堂问题的进一步发现和反思，从中也体会到了学生发现后的喜悦。长期以来，由于受传统教学观的影响，很多老师在教学过程中只强调外部因素对学生学习等方面的促进作用，而忽视学生的自我评价及自我反思能力的培养。这种现象造成学生对教师的依赖，影响了学生的主体地位及学习主观能动性的发挥。

我国教育学家叶圣陶指出：“尝谓教师教各种学科，其最终目的在达到不复需教，而学生能自为研索，自求解决。”要达到这样的目的，必须使学生具备自我评价和自我反思的能力，即能够按照既定的目标和标准，对自己的学习进行自我检测，自我反思，作出正确的评价，进而促进自己的学习。《课标(2011年版)》指出：“义务教育阶段要使学生初步形成评价与反思的意识。”反思不仅仅是对数学学习一般性的回顾或重复，更重要的是，它指向学生数学思维活动的核心，能带动学生积极主动、探究性地投入到数学活动中。学生在对自己的学习过程进行学习反思时产生的问题，实际上就是产生了内在的学习需求，使学生的学习由外在的压力逐步转向内在的需求。换句话说，当学生为了看到自己在怎样进步和决定自己下一步该做什么，而能够主动检查自己的表现时，就能更好地促进学习。学生对问题(包括图形及性质、数学结论、典型试题等)深入思考能有效提高解题能力，课堂上适当展示、示范如何将数学问题的研究推向深入是必要的。但客观上说，不可能每堂课都对每一个问题做持续地、深入地追问，因为我们还需要实现“双基”直至“四基”，还有大量的“程序性知识”需要通过训练，让大多数学生巩固。那么如何让较优秀的学生得到应有的提高？著名教育家苏霍姆林斯基说：“只有能够激发学生去进行自我教育的教育，才是真正的教育。”符永平、刘东升老师在让学生尝试“讲题”时，给出了如下建议：鼓励这部分学生养成一种追求，即当自己对相关问题(可能是一道典型试题，也可能是对某个概念的理解)已获得初步解决(如题目的答案已求出)后，尝试再深入、反思或优化，可鼓励学生撰写数学反思。把学生的学习从课堂拓展到课后，反思部分的教学设计通常从以下几个方面入手：

(1)解题的反思。

①反思解题错误。我们知道，当学生对错题进行适当的反思时，首先会对正确答案及正确思路做充分地理解，对照错误的反例暴露矛盾，引发学生自我反省，能够正面指出错误的地方，具体分析错误的原因，而学生在此过程中，思维缺陷，表达不严谨，叙述繁冗等能力都会得到优化。当然，学生在反思的过程中不止于对错题进行反思，也可以对其他类问题进行反思。

②反思解题思路。解题思路的形成就是把从题目中捕捉的有关信息与从储存机构中提取的有关信息结合起来，进行加工、重组与再生的过程。对思路的形成过程进行反思，就是在解题结束后回顾自己是如何对信息进行加工、重组与再生，长期坚持这样的反思，就可以总结出带有规律性的经验，有利于自己思维监控能力的提高，更是一种学会学习能力的培养。

③反思解题方法。很多数学题，往往由于审题的角度不同，会有多种解法，如果只满足于解出就行，时间长了学生会养成背题目的习惯，而不善于分析和思考。因此解完题目后，不应满足于已有解法，而应再审题再思考，能否从另外角度或途径去寻求新解，寻找最佳的解决方案。

④反思解题规律。解题最基本的目的是使学生加深对知识的理解，掌握思考问题基本方法，形成技能技巧，实现能力的有效迁移。因此解完题目后，想一想这道题目渗透哪些思想方法，有没有规律可循，力求揭示解题规律，钻深搞透，知其所以然，做到一般性的推广和延伸，从而提高学生的化归能力，得到自我监控的目的。

(2)学习策略和方法的反思。

反思提炼常常设计和学习策略及方法有关的问题，例如：本节课你还有哪些困惑的问题？产生这些问题的原因是什么？你在自学过程中遇到哪些难题？你已经解决了吗？你解决问题的方法有哪些缺陷？等等。诸如此类问题，要求学生把自己对知识的认知过程作为监控对象，反思自己学习中存在的问题，同时寻找解决问题的方法，从而调整自己的学习策略。

第六节　从学会到会学需要引导和内省

我们都知道，知识是可以遗忘的，而人的能力是忘不了的，就如游泳，学会了游泳的方法，就永远会游泳，不会再忘也不用再记。同样在我们的课堂教学中，过了十年、二十年，学生在课堂中学习的那些公式、定理可能都含糊不清了，但是沉淀下来的能力却怎么都忘不了。很显然，学会学习比学会知识更重要。《课标(2011

年版)》指出："使学生成为学习的主体，逐步学会学习。"可见，教师不应该只给学生打造一个知识的蓄水池，而应该为学生开凿一个知识的喷泉，授之以渔比授之以鱼更重要。

【案例 10】"四棱柱的特征"课堂片段。

教师：你怎么证明"四棱柱相对的面完全相同"呢？

学生1：我是看出来的，相对的两个面看起来都一样。

学生2：我是用尺子测量的，测量前、后两个面的长和宽，发现它们的长与长相等，宽与宽相等，长×宽＝长×宽，面积一样大。其他相对的面也是这样，所以，相对的面完全相同。

教师：不错，观察、测量都是好方法。除此之外，还有别的方法来证明吗？

教室里顿时安静下来，同学们陷入了沉思，又开始仔细观察起四棱柱学具来。

学生3：我发现"前面"的长和"后面"的长是"上面"这个长方形的一组对边，因为"长方形的对边相等"，所以这两个长就相等。同样道理，两个宽也相等。长×宽＝长×宽，所以，相对的面完全相同。

教师：用"长方形对边相等"的旧知识来解决新问题，真是好方法！刚才同学们还数出了四棱柱有12条棱，除了"数"的方法，你还有别的办法吗？

学生再次陷入沉思，不一会儿，开始自发地讨论起来。

学生4：因为每个面上都有4条棱，四棱柱共有6个面，就有4×6＝24(条)棱。又因为每条棱都出现在2个面内，刚才重复计算了，所以要再除以2，等于12条棱。

教师借助四棱柱教具，帮助学生明确"棱是两个面相交的线"，因此，每条棱都同时在两个面内。

教师：刚才我们也数出来了"四棱柱有8个顶点"。如果不"数"，你有办法知道吗？

学生5：我是这样想的，因为每个面都有4个角(顶点)，共有6个面，就有4×6＝24(个)顶点。但是因为每个顶点都同时出现在3个面内，刚才重复计算了，所以要除以3，24÷3＝8(个)顶点。

教师借助四棱柱教具，帮助学生理解上述算法。

学生6：我的想法是，因为四棱柱有12条棱，每条棱都有2个端点，所以是12×2＝24(个)顶点。又因为每个顶点都出现在3个面内，所以共有顶点24÷3＝8(个)。

……

【案例剖析】就《四棱柱的认识》的教学而言，就应该要求学生不仅掌握四棱柱的基本特征和长、宽、高等数学知识，更要让学生经历四棱柱特征的探究与应用的过程，使学生在独立思考、探索实践、合作交流、推理论证的过程中，学会数学思考，积累数学活动经验，增强推理能力和创新意识。推理能力是《课标(2011年版)》概括出的十个核心概念之一，“推理能力的发展应贯穿整个数学学习过程中。推理是数学的基本思维方式，也是人们学习和生活中经常使用的思维方式”。关于“四棱柱相对的面完全相同”，不满足于学生想到的“观察和实验”的方法，而是有意渗透一些演绎推理，引导学生用推理、论证的方法根据已有的知识推出这个结论。关于“四棱柱棱的条数和顶点个数”，不满足于学生能“数”出正确的结果(逐个计数或按群计数)，还引导学生在计数的基础上进一步从已有的知识进行推算，从而实现了“直观几何、实验几何与论证几何的结合”，有效培养了学生的推理能力，促进了理性思维的发展。上述教学的成功，也再次说明“好的教学活动，应是学生主体地位和教师主导作用的和谐统一”。教师的精心设问和引导有效地启发了学生的思考，使学生真正成为学习的主体。

《课标(2011年版)》进一步明确了教育理念由“知识为本”转为“育人为本”，课程目标由“双基”拓展为“四基”，体现了对于数学课程价值的全面认识。学会思考的重要性不亚于学会知识，教会学生运用数学的思维方式去想问题(也称为数学的理性思维，包括形象思维、逻辑思维和辩证思维，合情推理和演绎推理等)将使学生终身受益。数学课程进行的全过程，都应以具体知识与技能的学习为载体，注重培养学生的数学思维和数学推理。这就要求数学教学的设计和实施方式，要由“重教”转为“重学”。重点要关注学生的“学”，教学设计要重视学习活动，教学实施要贯彻“教”为“学”服务，同时，我们在教学活动中培养学生学习的习惯，还要教会学生正确的学习方法，促使学生“爱学”和“会学”。

【案例11】习题课上，许老师和同学们一起分析这样一道题：周先生在中国工商银行办理了一个活期储蓄账号，并且设置了一个四位数的密码：现已知这个四位数的左边第一个数字为7，如果把这个数字7调到最后一位，其余顺序不变，那么这个数就要减少954。根据以上信息可知，周先生设置的密码是________。

分析完题目后，班上的很多同学都提到，由数字和字母搭配的密码中很多学问，.在日常生活乃至军事上都有广泛应用，由此许老师就给同学们布置了这样的研究性课题：《数字与编码》。

同学们对这个课题十分感兴趣，几个小组长马上就分好工，布置了任务。查找图书馆文献、上网搜集资料、整理汇报材料、书写研究小结。

经过一段时间的准备，课堂上，许老师请每个小组派一个代表来汇报他们的研究成果。

组1：我们组主要研究了银行密码中数字构成。我们在相关报道中经常看到不少人银行卡因密码问题被盗，因此我们特意询问了我们身边的亲戚，又让爸爸妈妈问问他们的朋友，我们发现一个很重要的问题：很多人在设置银行密码时，都喜欢采用自己或家人的出生年月作为自己的密码，一旦身份证和银行卡同时丢失，密码被盗的可能性就很大。

组 2：我们组研究了第二次世界大战中密码在战争中作用。我们在图书馆翻阅了许多资料，找了很多记录第二次世界大战中的文献。正是由于盟军成功破译德军密码，才加快了战争胜利的到来。反过来，如果没有密码战的成功，世界人民还要遭受更多苦难。

组 3：我们组研究了身份证中数字排列问题。上网查找了国家关于居民身份证的相关规定，发现了身份证的数字代表了很多信息。身份证号都是 18 位。身份证号从左往右排序，从第 1 位一直排到第 18 位，这 18 个数字各代表了什么意义？1～6 位为地区代码，其中 1、2 位数为各省级政府的代码，3、4 位数为地、市级政府的代码，5、6 位数为县、区级政府代码。7～14 位为出生年月日，15～17 位为顺序号，是县、区级政府所辖派出所的分配码，每个派出所分配码为 10 个连续号码，倒数第二位上是奇数表明这个人是男的；是偶数表明这个人是女的。这位和它前面的两位称“顺序码”。身份证上最后一位数字是校验码，由于身份证上的数字较多，为了避免出错，便于计算机校对，便设置了校验码，一般在身份证的最后一位上。校验码有时可用 X 代替。

组 4：我们组研究了邮政编码中的数字。我国的邮政编码采用四级六位制的编排方式。其中前两位的组合表示省、市、自治区；前三位的组合表示邮区；前四位的组合表示县、市局；最后两位数则表示投递局。六位数字相连，即是一组完整的邮政编码。

组 5：我们组发现超市里所有物品上都有一串数字条形码，因此我们研究的是条形码中的数字排列。我们通过上网查找相关资料，知道商品条形码相当于商品的“身份证”，商品条码是实现商业现代化的基础，是商品进入超级市场、POS 扫描商店的入场券。大卖场里的几万种商品只要用各自的商品条码就可以轻易地区分开来。而且我们还查找到目前世界上常用的码制有 EAN 条形码、UPC 条形码、二五条形码、交叉二五条形码、库德巴条形码、三九条形码和 128 条形码等，而商品上最常用的是 EAN 商品条形码。如图 5.9 就是 EAN－13 条形码。

0 400860 899828

图 5.9　EAN－13 条形码

组 6：我们组研究了二进制和十进制的换算问题……

【案例剖析】多么详细的资料，多么精彩的总结！可以肯定的是，他们从中所获得的绝不是单纯的知识。通过小组分工合作，学生通过多种途径去获取他们想要的知识，而这种分工合作中教养的意识和研究方法，才是他们最大的收获。美国哈佛大学心理学院的一项研究表明，孩子学习成绩的提高不仅需要学习的热情、勤奋、毅力与坚强的意志，更需要有正确的学习方法。而数学研究性学习就是学生学好数学的一个有效方法，它可以给学生提供自主探索、合作学习、独立获取知识的机会。学生在主动阅读课外知识、查找资料、整理结论的过程中，一方面扩大了知识面，另一方面增强了研究意识、问题意识，使学生知道如何学习、如何去解决问题。

如果将学生的学习过程比作渡河，那么高效的学习方法就是学业成功的“桥”和“船”，是战胜各种困难的武器。如果没有有效的学习方法，学生要想渡河就只能凭借力气游泳过河。这样，学生要么费力气、费时间勉强渡过河去，但已是筋疲力尽，苦不堪言；要么因为水深河阔放弃渡河，承认学业失败，从此失去河对岸一片美好的景色。在研究过程中，如何引导学生探索，并在探索中锻炼查找、阅读、搜集、整理能力，就显得尤为重要。

当然，我们在教会学生适合的学习方法的同时，也要注意培养学生的学习习惯和自学能力。一个学生在课堂上的时间是有限的，而教科书(资料)才应该是学生获得系统知识的主要来源。一个人的博学广闻，并不是从课堂中获得，而是自学的结果。所谓自学能力，就是指独立获取知识的能力。如果自学能力提高了，他们的学习效果就会明显加强，远非注入式教学所能相比。善学者教师安逸而功倍，不善学者教师辛苦而功半。平时，很多教师在教学中都存在着“老师讲，学生听”“教师启发到哪里，学生思考到哪里”的现象。久而久之，学生会产生依赖，离开教师会觉得寸步难行。学生蕴藏着极为丰富和巨大的创造潜能，教师在教学过程中要为学生提供更多的发展机会，使他们能够发挥从“学会”到“爱学”，最终到“会学”。

第六章
不断探寻促进教学的有效模式

第一节　教与学都有效教学才是高效的课堂

数学教学的有效性主要体现在学生学习上，学生学得不累而且能够学会，他们才有兴趣学习数学，才会不断探索学好数学的方法。数学教学没有最有效，只有更有效。不同的执教者面对相同的内容、同一个年级的学生，由于对教科书的理解不同，对教学的设计会不同，教学中所采取的策略与方法也会不同。即使是同一个执教者也会根据不同教学内容、不同学生以及不同的教学环节而设计不同的教学流程，设置不同的例题、习题，采取不同的教学方法。教学中真正体现出因材施教的课堂才是有效课堂，教学中能够使学生学会并且逐步会学的课堂，才能促进学生的进步与发展。

【案例 1】数学课上，探讨角平分线的做法时，刘老师用直尺和圆规作角平分线，方法如下：

作法：如图 6.1，①在 OA 和 OB 上分别截取 OD、OE，使 $OD=OE$。

②分别以 D、E 为圆心，以大于$\frac{1}{2}DE$的长为半径作弧，两弧在$\angle AOB$ 内交于点 C。

③作射线 OC，则 OC 就是$\angle AOB$ 的平分线。

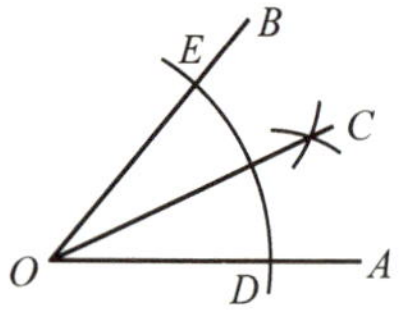

图 6.1

刘老师问同学们：你能证明这种作图的正确性吗?

小婷：连接 DC、EC，根据定理 SSS 可以判定$\triangle COD\cong\triangle COE$，就可以证明了。

刘老师又问：还有其他作角平分线的方法吗?

小明：用量角器作角平分线不是更简单吗!

小强：用量角器作角平分线太简单，人人都会。我们应该探寻更有思维含量的方法。

刘老师(微笑)："更有思维含量的方法"的提法很好，你想到了吗?

小强：只用直角三角板也可以作角平分线，方法如下：

步骤：如图 6.2，①利用三角板上的刻度，在 OA 和 OB 上分别截取 OM、ON，使$OM=ON$。

②分别过点M、N作OM、ON的垂线，交于点P。

③作射线OP，则OP为$\angle AOB$的平分线。

刘老师：你能说明你的方法是正确的吗？

小强：$\because PM\perp OM$，$PN\perp ON$，$\therefore \angle OMP=\angle ONP=90°$。

在$Rt\triangle OMP$和$Rt\triangle ONP$中，$\because OP=OP$，$OM=ON$，

$\therefore Rt\triangle OMP\cong Rt\triangle ONP(HL)$，

$\therefore \angle MOP=\angle NOP$，$\therefore OP$平分$\angle AOB$。

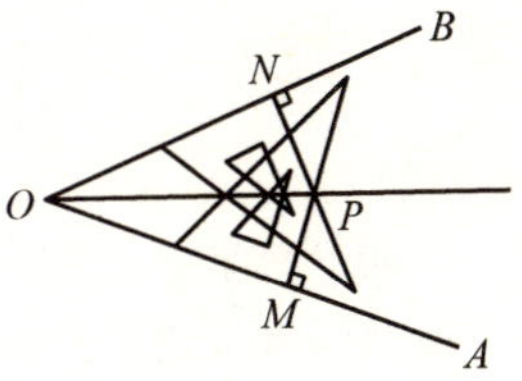

图 6.2

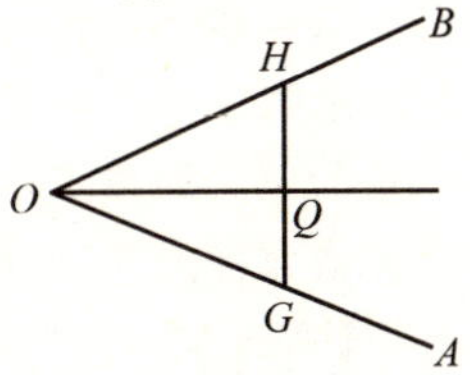

图 6.3

小丽：只用刻度尺，也可以作角平分线，方法如下：

步骤：如图 6.3，①利用刻度尺在OA、OB上分别截取$OG=OH$。

②连接GH，利用刻度尺作出GH的中点Q。

③作射线OQ，则OQ为$\angle AOB$的平分线。

刘老师：你能证明吗？

……

【案例剖析】从刘老师的教学片段看，表面上是探究角平分线的作法，但是，从学生的参与及反应看，他们是在研究数学、研究问题。同学们在老师的引导之下，俨然就是一个个研究者。表面上是基本作图的探索，其同内涵则是全等三角形的判定、直角三角形的有关知识等数学推理。刘老师先将不容易想到的尺规作图问题通过深入浅出的形式呈现出来，当学生弄清楚问题的来龙去脉之后，也就明白了尺规作图的真正含义，从而能够想到一个个不同的解决问题的思路与途径。

课堂教学中，教师设计的问题开放，学生的思维才可能发散；有了教师对教科书的深入研究，才可能有问题呈现的“浅出”。只有教师不断地研究教科书、研究学生、研究教学，我们的教学才会更有效提高学习效率、增进学习结果、强化学习体验。教师的教学要有效促进学生的学，让学生在有限的时空内学得更多、更快、更好、更深。通过教师的引导，学生学会学习，掌握学习方法，提升学习能力。让学生在教学过程中体验和感悟，让学生的思维能力在参与活动的过程中得到发展，让学生在学习的过程中获得进一步学习的方法，让学生能够获得真正的进步或发展。教学活动要在学生“想学”的心理支配下展开才会有效，学生只有知道了自己学什么，才会有意识地主动参与，采用易于学生理解的方式，要用学生易于听清楚、听明白的方式传递给他们。如果教师的教学方法不当，那么即使教师教学十分辛苦，也很难达到有效教学的目的。教学不是教师讲得如何精彩，而是要引导学生学得投入、学得精彩。

第二节 概念的形成与定理探究是有章可循的

课堂教学中，数学概念往往是教师直接给出的或从教科书上直接获得。随着课程改革与教学改革的不断深入，对概念的探究越来越引起数学教师的重视。数学概念是数学课的重要组成部分，对于概念课的教学，必须理解并揭示概念的本质属性。数学概念是客观世界中数量关系和空间形式的本质属性在人的大脑中的反映，是学生数学学习的逻辑起点，是数学知识系统及学生进行数学思维的核心，是数学思想与方法的载体，是数学基础知识的基础，在数学学习过程中具有十分重要的意义。从课标的修订，从教育教学实践的过程中，可以看出数学概念教学不容忽视。

【案例 2】学习“代数式”中的单项式时，周老师通过导学案的形式呈现。

先阅读下面文字，再解决后面 3 个问题。

数与字母的积叫做单项式。单独一个数或字母也是单项式，如－3，0，x 等都是单项式。

对于每个单项式，将字母前面的数字因数称为单项式的系数，将所有字母的指数的和称为单项式的次数。如 $0.5ab^2$ 的系数是 0.5，次数是 a，b 的指数和 3；单项式 x 的次数是 1，系数也是 1，$-x$ 的次数是 1，系数是－1；－2 的系数是－2，次数是 0，一般地，单独一个非零数的次数是 0；$-\frac{s}{15}$ 的次数是 1，系数是 $-\frac{1}{15}$；$\frac{1}{4}\pi r^2$ 的次数是 2，系数是 $\frac{1}{4}\pi$。

(1)黑板上的 6 个式子中(说明：6 个式子是前面环节中学生列出的 6 个代数式)，哪些是单项式，指出各个单项式的系数与次数，与同伴交流。

(2)写出分别符合下列要求的单项式，并与同伴交流：

系数是 $\frac{1}{2}$，次数是 3：

系数是 1，次数是 2：

系数是－1，次数是 1：

系数是 9，次数是 0：

(3)分析单项式系数与次数时，有哪些易发生的错误，与同伴交流。

【案例剖析】周老师这样设计 3 个小问题，目标明确，易于学生学习。第 1 个小任务，要求学生对刚才列出的代数式进行归类，识别单项式及单项式的系数、次数，这是对概念的直接检验；第 2 个任务，则反过来要求写出几个符合概念要求的式子，主动建构符合要求的对象；第 3 个小任务，要求学生反思可能出现的错误，是一次主动的反思提升。教学中根据学生的情况，还可以提请学生思考一些规定的合理性等。总之，这 3 个任务，反映了这一类概念学习的一般方法：识别概念、自主建构概念、反思概念理解的困难等。下面多项式的相关概念可以类似地学习和理解了。这样的问题设计，本身就是对学生学法的一种引导，对进一步学习有着很好的奠基作用和迁移功能。

概念是思维的细胞。李邦河院士曾经说过：数学根本是玩概念的，而不是纯粹的技巧。学生经历操作、观察、分析、类比、猜想、归纳、抽象、概括、推广等思维活动探究而得出数学概念。更重要的是让他们从中体验数学家概括数学概念的心路历程，领悟数学家用数学的观点看待和认识世界的思想真谛，学会用概念思维，进而发展智力和培养能力。

理解数学概念的途径一般有三种：(1)用实例来印证；(2)用操作来体悟；(3)用作业来深化。让学生经历这样的过程，对于他们理解数学知识与方法、形成良好的数学思维习惯和应用意识，对于提高发现问题和提出问题的能力、分析问题及解决问题的能力有着重要的作用。

关于概念教学，主要强调以下几点：(1)注重理解概念的本质及概念本质的多种表达形式；(2)注重在概念体系中掌握概念；(3)注重概念形成过程；(4)注重概念的引入，注重从问题情境引入概念并注重学生在主动活动中掌握概念；(5)注重学生已有的知识经验，注重概念的同化；(6)注重掌握概念的内涵与外延，注重正例与反例在掌握概念内涵中的作用，用正例建立概念，用反例来“精致”概念。

数学概念的一个基本特征是抽象性，但许多数学概念又直接来自具体的感性经验，因此，概念引入教学的关键是建立感性经验与抽象概念之间的联系。

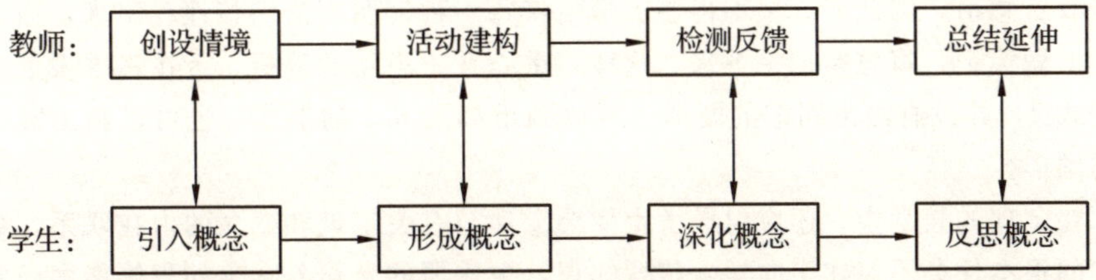

上面的框架图体现了学生对概念的认识过程，即概念的引入、概念的形成、概念的明确、概念的深化、概念的反思等。教学的应该流程是：创设情境、引入概念，活动建构、形成概念，检测反馈、深化概念，总结延伸、反思概念。

定理是数学基础知识重要的组成部分，是数学规律的体现，所以定理教学是中学数学教学中的重要内容。定理或结论的得出是有根有据的。定理课的教学，要根据不同的数学内容，精心做好教学设计，要设计好合乎学生心理需求和思维发展规律的教学流程，按学生认知结构规律进行教学，在教学实践中不断优化和创新教学方法。只有这样，才能让学生了解并掌握数学知识的发生发展过程，提高教学效率。

【案例3】如图6.4，如果直线$AB/\!/ED$，那么$\angle ABC$、$\angle CDE$与$\angle BCD$之间有怎样的数量关系？(先安排学生自主求解。)

提示1：一般地，由条件“两直线平行”可以得到哪些结论？本题中条件运用的困难在哪里，如何更好地将条件用起来？

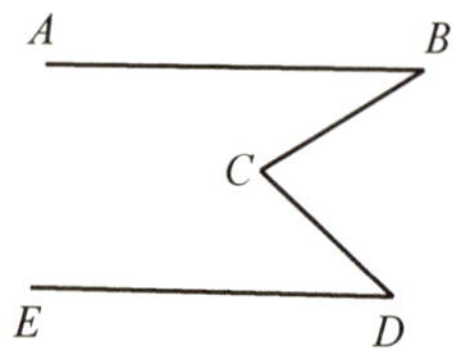

图6.4

提示2：结论“$\angle ABC+\angle CDE=\angle BCD$”，能不能将$\angle BCD$分解成两个小的角，它们正好等于$\angle ABC$、$\angle CDE$？哪个定理涉及一个角等于两个角的和，能不能运用这个定理？

反思1：说说解决本题中你的困难是什么，你是如何突破的？

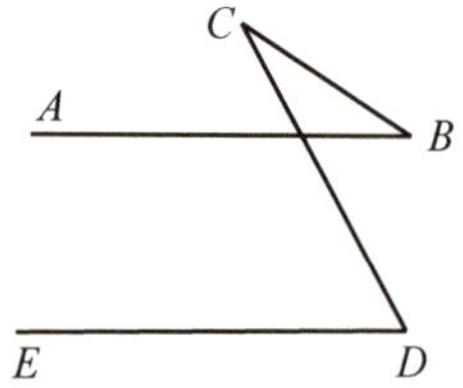

图6.5

反思2：还有哪些方法，与同伴交流，并在图中进行简单的标注，将思路记录下来。

变式1：逆转变式。将本题的条件和结论对换，命题还成立吗？也就是说，已知$\angle ABC+\angle CDE=\angle BCD$，这时直线$AB$、$ED$平行吗？说说你的理由。

变式2：一般化变式。如果点C在AB与ED之外，其他条件不变，那么会有什么结果？你还能就本题作出什么新的猜想？

【案例剖析】本案例是由线平行得到角与角之间的关系，结论的得出是自然而然的因果关系，还是反复推证的逻辑关系呢？反思2旨在引导学生“一题多解”，从不同的角度发现问题的解决策略，发展学生的发散思维能力和问题解决能力。学生可以画图像进行“操作”。另外，对于解题的规范格式，前面解决问题的环节中，学生已经有所感悟，因此，这里不再要求学生将每一种证明方法完整地写出来，而是在图形上做标记，将思路记录下来，这样，重心在于思路的分析，重在思维发展。对于变式2，并没有给出固定的图形，可以画出如图6.5的形式，也可以画出其他形式的图形。

在定理的教学中，还应引导学生体会定理与有关定理和概念的内在联系。数学教学的根本任务不仅在于向学生传授知识，更重要的是培养学生的思维能力。定理教学不仅要使学生记住定理，会用定理去解题，还应通过启迪和引导，使学生参与到分析知识的形成过程中去，从而使学生思维能力得到有效的培养和发展。初中数学定理的教学，尤其是初始阶段，即使是学生很熟悉的简单定理的教学，也不能不重视定理的形成过程。定理的引入，不能让学生有先入为主的意识，而应该采用举例、实验、猜想、证明、验证等有效的手段重现数学定理的形成过程，从而培养学生的数学推理能力、逻辑思维能力和创新意识，体现数学的形成与发展过程。

数学学习自有一定的规律，如概念的探究性学习，一般会经历一个“现实原型的感知、概念的抽象、概念的识别与现实原型的再寻求、概念的情境运用”这样一个大致的过程。定理、命题的探究学习，一般也会经历一个“情境引入、探究发现、验证证明、理解与巩固运用”的过程。概念形成往往通过必要的情境，抽象得出定义，再通过识别、背景寻求及运用来进一步理解概念；定理探究则是情境探究、发现结论，然后通过验证、理解和运用来达到熟悉和掌握定理。引领学生感知这样的学习结构，可以迁移运用到后续相关内容的学习，甚至可以培养自主建构学习系统的能力。

第三节　知识间有效衔接有助于数学理解

关联性是指组织体系的要素，既具独立性，又具相关性，而且各要素和体系之间同样存在这种“相互关联或相互作用”的关系。

兴趣是最好的老师，是认识和从事各种活动的巨大动力。数学作为一门其他学科的基础和辅助工具，对其他学科的学习和研究有着至关重要的作用。在初中生的学习过程中，学生的学习兴趣一般都取决于学生对所学知识的掌握程度，掌握的程度越深学习兴趣就越浓厚，学习越好的同学越爱学习，学习越差的同学越不愿学习。然而数学作为一门基础性和辅助性的学科，如果起始阶段的基础打不牢，不仅影响本学科的学习，还会影响其他学科的学习，影响学生思维能力的培养以及分析问题和解决其他问题的能力。

譬如，由“计算$(-3)+7+(-4)$”到“化简$-3x+7x-4x$”再到“解方程$-3x+7x-4x=0$”以及“解不等式$-3x+7x-4x<0$”，难道它们就没有关联性吗？当学生真正理解了“有理数”的运算时，就会将此迁移到后面的“整式加减”“一元一次方程”“一元一次不等式”的学习与理解上来。换句话说，要学好后面的知识与内容就应该掌握好前面的知识与内容，因为“基础”是发展的“根”和“本”，根深才能长成参天大树，本固才能立于不败之地。

【案例4】一元二次方程复习课时，周老师设计了如下的问题：

(1)解一元一次方程：①$x-2=0$；②$2x-4=0$；③$3(x-1)=2x+1$；④$3x-3=x+1$；⑤$3(x-1)=x+1$。

(2)解二元一次方程组：$\begin{cases}y=3(x-1),\\y=x+1。\end{cases}$

(3)解一元二次方程：①$x^2-4x=0$；②$(x-2)(x+3)=0$。

通过以上问题的解决，你有什么发现？并与同伴交流。

【案例剖析】如果说，我们用现行教科书中的“直接开平方法”“配方法”“求根公式法”“因式分解法”这种从特殊到一般的思维路径，去解一元二次方程，是让学生变得有长进、有发展的话，那也只能说是在解一元二次方程这个特殊的对象中得到了长进和发展。利用

$$x-2=0\xrightarrow[\text{两边都乘}(x+3)]{\text{根据等式性质}}(x-2)(x+3)=0$$

来理解方程、解一元二次方程是非常有利的，逆过来，将一元二次方程变成两个一次因式的积为0的形式。将

$$高次\xrightarrow[因式]{降次}低次$$

是解一元二次方程的通性通法。这样的套路，不仅使一元一次方程、二元一次方程组、一元二次方程联系起来了，而且还能使二元一次方程组与一次函数、一元二次方程、一元二次不等式和二次函数之间也建立起必然的关联性。在解决问题的过程中，从简单的情形开始，从特殊到一般，逐步将复杂问题简单化。

整体把握解方程的基本套路，整体构造解法，让学生智慧地寻求解方程(组)、解不等式(组)路径和方法，这样的教学活动必是一个充满智慧的创造活动，它具有让解方程(组)，解不等到式(组)“全盘皆活”的效果，能够使学生终身受益。

【案例5】学习“圆”之后，刘老师设计了如下问题：

(1)已知⊙O的半径是5，⊙O的两条平行弦$AB=8$，$CD=6$，则AB、CD间的距离是多少？

(2)如图6.6，AB、CD是半径为5的⊙O的两条弦，$AB=8$，$CD=6$，MN是直径，$AB\perp MN$于点E，$CD\perp MN$于点F，P为EF上的任意一点，则$PA+PC$的最小值是多少？

(3)如图6.7，⊙O的直径MN长为a，两条平行弦AB、CD的长分别为b、c，且$a^2=b^2+c^2$，MN分别与AB、CD垂直于点E、F，P为EF上的任意一点，$PA+PC$的最小值是多少？

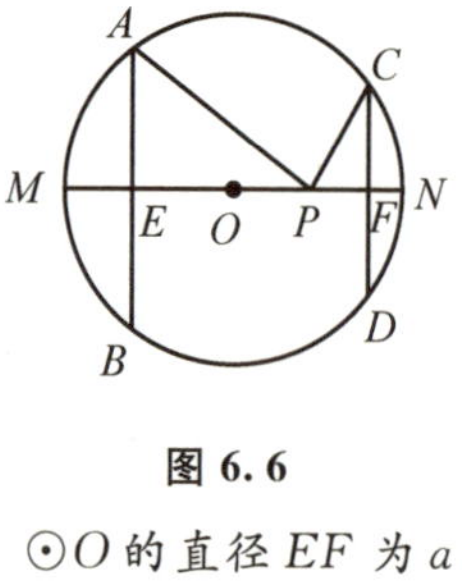

图6.6

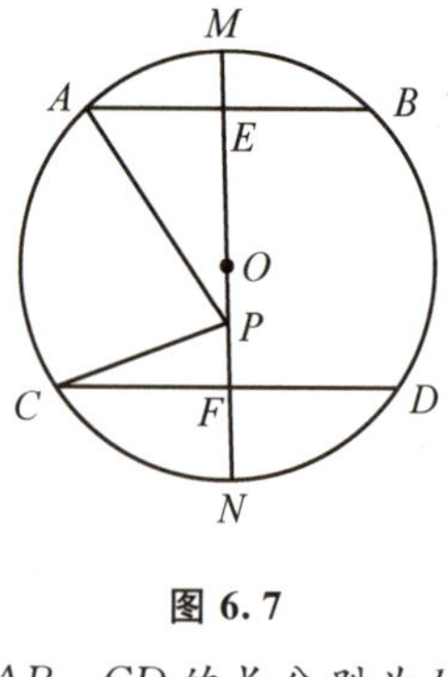

图6.7

(4)如图6.8，⊙O的直径EF为a，弦AB、CD的长分别为b、c，且$a^2=b^2+c^2$，且$AB/\!/EF/\!/CD$，求证：图中阴影部分面积之和为圆的面积的一半。

(5)如图6.9，⊙O的直径EF为a，弦AB、CD的长分别为b、c，且$a^2=b^2+c^2$，且$AB/\!/EF/\!/CD$，点M、N在直线E、F上，求证：图中阴影部分面积之和为圆的面积的一半。

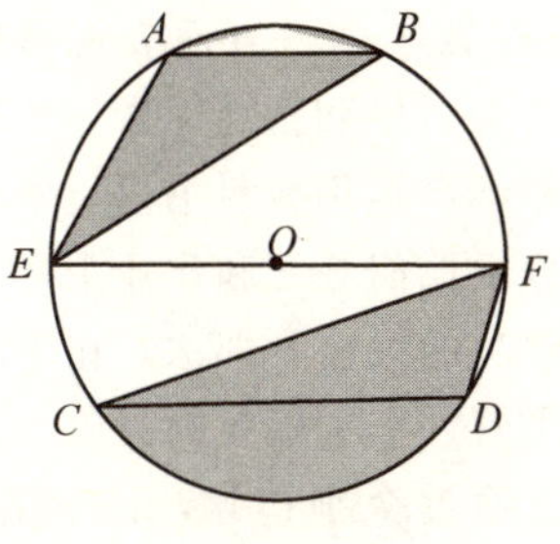

图 6.8

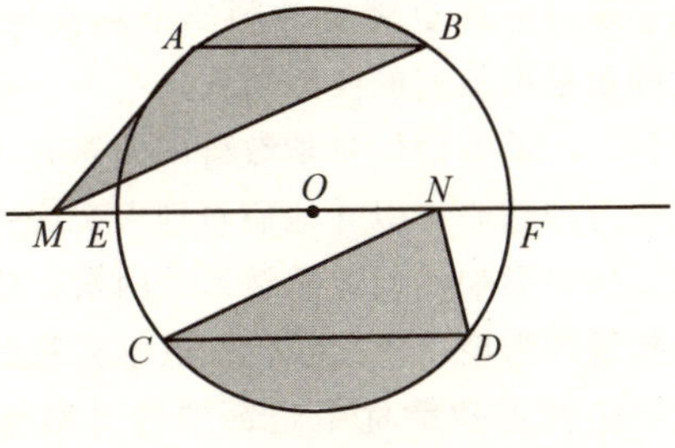

图 6.9

【案例剖析】该设计从基本问题出发，层层深入。第(1)问可能会有学生想不到两种情况，但随着后面问题的拾级而上，学生自然而然会回过头来反思刚才的解答，发现两条平行弦 AB、CD 既可以在圆心的同侧(如图 6.10)，也可以在圆心的两侧(如图 6.11)，根据垂径定理分别求得两条弦的弦心距，进一步求得两条平行弦间的距离。如此，不仅能够主动修复思考中的漏洞，而且还能为进一步探究后面的问题打下基础。

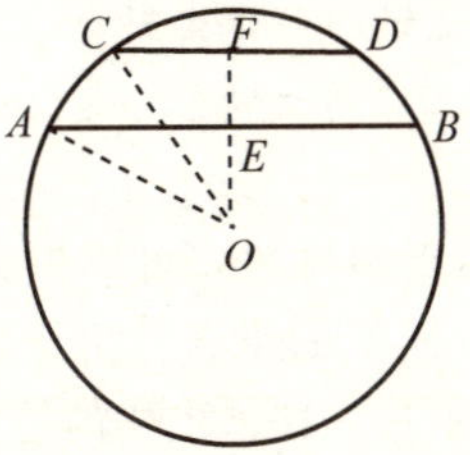

图 6.10

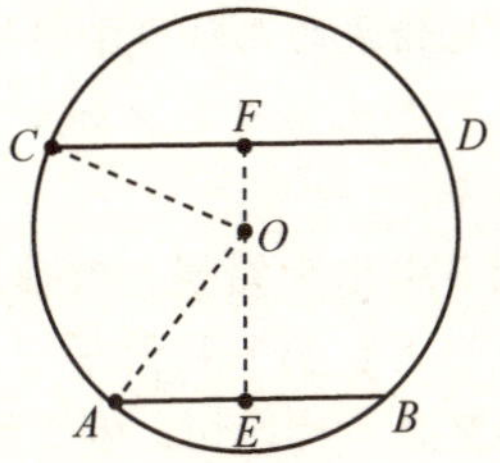

图 6.11

布鲁纳曾说："获得的知识，如果没有完满的结构把它联在一起，那是一种多半会被遗忘的知识。一串不连贯的论据在记忆中仅有短促得可怜的寿命。"因此，数学学习的过程中，学生体验数学的内在联系，从知识之间关联性的高度认识数学，从而形成自主学习的能力。数学教育的根本意义在于培养求真理、讲道理、懂科学、有智慧、究根底、会思考的人。为此数学教师要站在学科育人的高度，将数学教学上升到数学育人的价值层面上来开发教学资源，将隐藏在教科书中原生价值之后的价值开发出来，变成增长学生智慧的过程，以学生的发展为本，充分体现数学育人的价值。

第四节　针对学生差异教师该怎么做

有效数学教学旨在全面提高学生的数学学习成绩，有效促进学生的发展。基于这样的考虑，数学学习过程中的个别指导就是有效的途径和方法了。由于数学学科特点具有高度抽象性，需要一定的思维能力，存在学习困难的学生在所难免，学困生在数学学习方面更需要教师的个别指导，学困生在数学学习方面表现得较为明显，教师要根据他们的实际情况，给予必要的、及时的引导和指导。指导他们学会阅读教科书，培养他们自学教科书的能力；引导他们学会运用教科书进行学习，树立数学学习的信心；引导他们与别人交流的意识；分析他们练习和作业中产生错误的原因；探寻影响他们数学学习的因素；寻找问题解决的策略及办法，在学习方法上给予指导和帮助，多给予他们展示自我的机会和平台。个别指导的对象不仅仅是学困生，中等生和绩优生也需要有针对性的指导。通过个别指导，让学困生“补标”，使他们掌握基本的知识，达到基本要求；让中等生“提优”，绩优生“提高”，从而使不同层次学生都得到发展。

【案例6】学生学习过数轴和绝对值之后，张老师出示了这样一个题目“已知 $|a|=3$，$|b|=1$，且 $a<b$，求 $a-b$ 的值。”

学生解答下来之后，总是有几个学生出现错误。张老师根据学生的错误，在课堂上进行了反复订正和讲解。在过几天之后班级测试中，张老师又放进了类似的题目：“已知 $|m|=5$，$|n|=8$，且 $m>n$，则 $m-n$ 的值为________。”

结果原来出现错误的几位同学们基本上还是错的。张老师既生气又百思不得其解，张老师心想，学生怎么这么粗心大意，真正“马大哈”，我已经讲过多遍的题目，怎么还出错呢？

【案例剖析】学生出现错误，教师进行了纠正和讲解，可学生为什么还是弄错呢？难道真是粗心大意吗？我们细细看看几位同学的错误。生1的答案是：±3，±13；生2的答案是：10，13；生3的答案是：10，16；生4的答案是：13；……因为该题是填空题，没能看到学生写出的错误过程。这类问题，如何分类？怎样分类才能不重不漏？对于刚刚进入初中的学生来说确实是有一定困难的，从 $|m|=5$，得到 $m=8$ 和 $m=-5$ 以及由 $|n|=8$，得到 $n=8$ 和 $n=-8$，说明他们对于绝对值的意义及逆用还是能够理解的，但是对于后一个条件“$m>n$”就不知道该如何分辨和运用了。教师讲解时，如果能够借助数轴(如图6.12)不仅比较直观，而且有助于学生理解。对于只有个别学生没有弄清楚的问题，采取个别指导的策略和方法，不仅有助于学生学习和理解，还能节省其他同学的时间，而且个别指导更容易突出针对性和实效性。

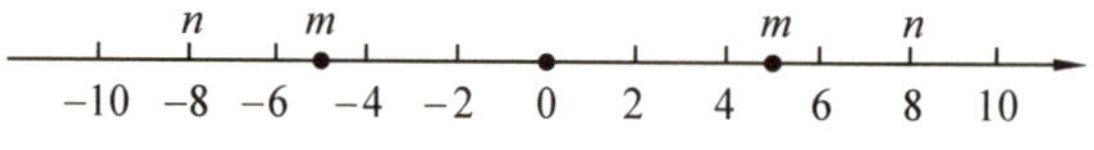

图6.12

学生考试或作业出现错误的原因是多方面的，教师要善于帮助学生分析产生错误的原因。教师不仅要引导学生纠错，更要指导学生“究错”，即“研究错误”，研究产生错误的原因以及如何防止以后可能出现的类似错误。教师要了解学生的学习状况，帮助学生弄明白错误、困难和问题的关键在哪里，有针对性地引导学生进一步思考，深化学生已有的理解。从数学学习策略的角度审视和理解解题策略，真正让学生理解：怎样做、为什么这样做、在什么条件下这样做。教师在平时教学时应注重公式、法则的形成过程，让学生在具体事例中体会公式、法则的结构特征、使用范围等，强调对公式、法则抽象过程的理解，为准确、熟练、灵活运用公式打下坚实基础。不能把公式和法则当做现成的礼物"慷慨"地"奉送"给学生，要克服"公式、法则简单，教师不教学生也会"的思想，同时还要强调运算过程完整、步骤规范、算理明确。教师自己应为学生做出示范，讲解透彻、清晰、算法合理。我们不能认为公式、法则的逆用仅仅是把它们的位置进行了置换，方向进行了颠倒。实际上，逆用公式、法则是思维方式发生了变化，即逆向思维，只有学生顺用公式、法则非常自如时，对公式的结构特征和法则的本质属性深刻理解时才会逆用。教师应在夯实学生对公式、法则理解的基础上，加强训练和反思，这样才能取得教学实效。

第五节　问题驱动下：从学习数学到研究问题

现代教学理论认为，产生学习的根本原因是问题。没有问题就难以诱发和激起学生的求知欲；没有问题，感觉不到问题的存在，学生就不会深入思考，那么学习也就只能是表层和形式的。没有问题就不会有解释问题和解决问题的思想、方法及知识，可以说，问题是思想方法、知识积累和发展的逻辑力量，是生长新思想、新方法、新知识的种子。问题是数学的心脏，是思维的起点。培养学生的问题意识不仅仅是学生要解决的问题、会解决的问题，更应该是学生能够发现的问题、能够提出的问题。问题教学是以提出问题和解决问题为核心的教学，其前提是课程内容要问题化，也就是将教学内容以问题的形式呈现给学生，让学生在解决问题的过程中拓展认知、发现问题以及获得活动经验的积累。教学内容问题化是有效教学的核心，问题是产生学习的根本原因，没有问题的教学是粗浅的和被动的教学。问题化教学要求教师将教学内容合理并艺术化设计。问题化教学设计要有利于学生进行探究，有利于学生进行质疑，有利于学生自己发现问题、提出问题并解决问题。

【案例7】潘老师上"利用平行线进行等积变形"时，有这样的几个设计片段：

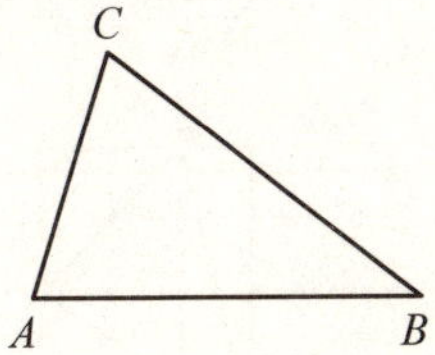

图 6.13

(1)请你画一个三角形，要求同时满足以下两个条件：

①与如图6.13的$\triangle ABC$有一条公共边；

②与$\triangle ABC$面积相等但形状不同。

(2)经过这个活动，你能结合图6.14说说平行线的作用吗？

(3)如图6.15，网格中小正方形的边长为1，你有哪些方法求$\triangle ABC$的面积？(教师课前在预备黑板上画6个网格图供学生画图展示用，其余学生做在准备的作业纸上。)

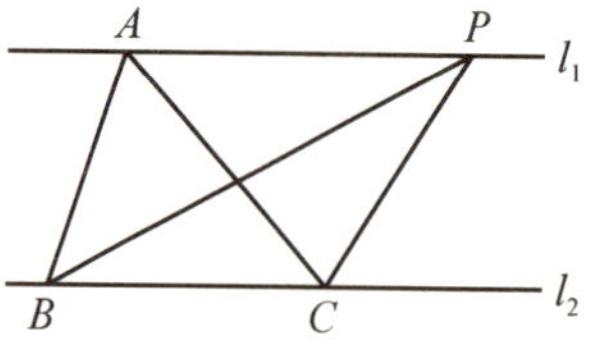

图 6.14

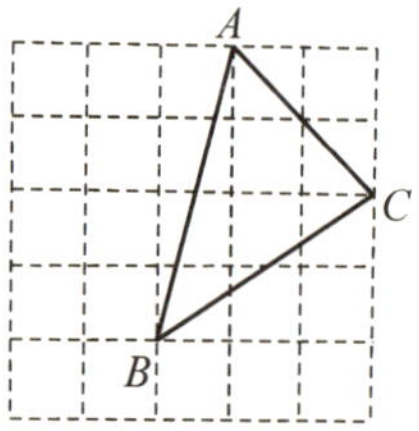

图 6.15

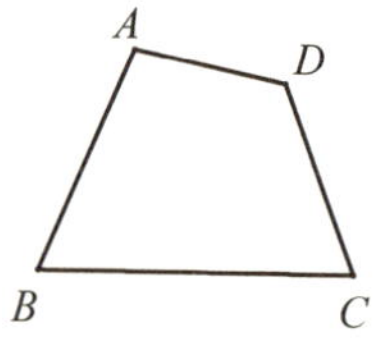

图 6.16

(4)如图 6.16 四边形 $ABCD$，怎样把它变成一个面积与它相等的三角形呢？如果给出一个五边形呢？

【案例剖析】教学片段(1)设计的数学活动，让学生“画面积相等形状不同的三角形”，感受“平行线具有等积变形”的功能，并通过师生交流和学生感悟逐步把学生头脑中模糊的、感性的“体验”变为学生个体所具有的“经验”(如学生悟出的等积变形的有序思考过程：固定……发现……平行，变……为……)，这些经验为后续问题的解决搭建了“脚手架”。根据“等底同高，面积相等”可以画出不同的图形，体现了问题设计的开放性。但在不同的图形中有没有“不符合条件”的图形呢？怎样才能发现并除掉“不法分子”呢？教学片段(2)学生可能会想到“利用平行线，可以找到面积相等的两个图形”，从而为“等积变形”找到了“固着点”。有了固着点，进一步的探究才会有“生长点”。教学片段(3)学生除了想到把这个三角形“框起来”，如图 6.17，用直角梯形的面积减去 2 个直角三角形的面积的“割补”方法之外，还会想到用“等积变形”的方法，如图 6.18，固定 AC，过点 B 画 $BD /\!/ AC$，变$\triangle ABC$ 的面积为$\triangle ACD$ 的面积，马上可以算出面积是 5！当学生觉得这个方法比用“割补”的方法更快捷、简便、巧妙时，其思维就活跃了，很自然想到图 6.19、图 6.20。通过常见的“网格背景的三角形面积计算”进行“变式训练”，在问题解决中让学生认识到“新工具”的强大功能，为后续问题的解决进行了有力的铺垫，也让学生在层层递进的问题解决中感受数学的魅力。

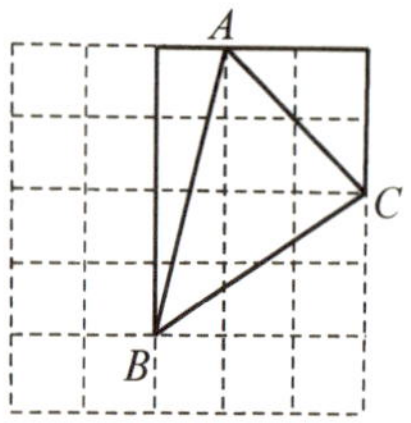

图 6.17

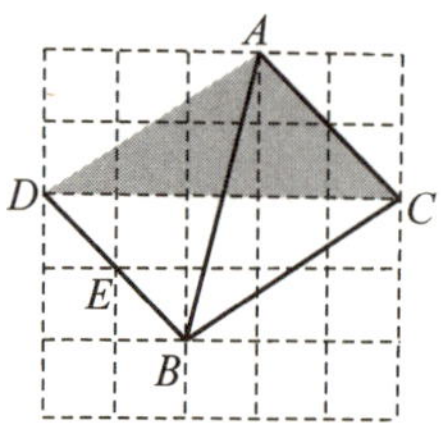

图 6.18

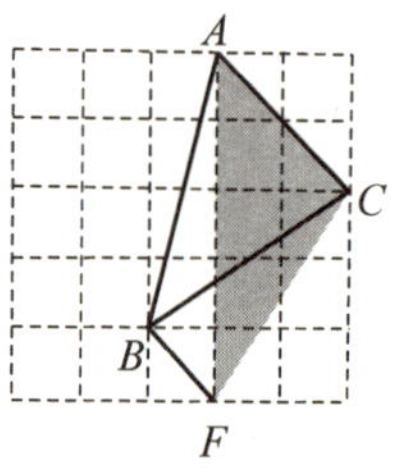

图 6.19

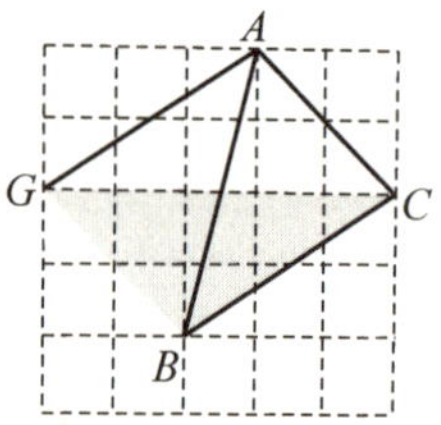

图 6.20

学生发现问题、分析问题的能力是与老师设计的问题及合理引导分不开的，当学生求知欲望被调动起来之后，他们的潜力是不可想象的。有了前面的活动积累与活动经验之后，片段(4)中，想到图 6.21 中四边形 $ABCD$ 面积变为了$\triangle ABE$ 的面积，图 6.22 中$\triangle BCE$ 的面积与四边形 $ABCD$ 的面积相等，图 6.23 中$\triangle BEF$ 的面积与四边形 $ABCD$ 的面积相等。高效课堂离不开教师的设问和追问，合理设问才能增强学生的问题意识，及时而巧妙追问才能指向学生的思维，才能揭示问题的本质。至于五边形或其他图形，再类比、联想把五边形变形为面积相等的三角形也就有了思路。

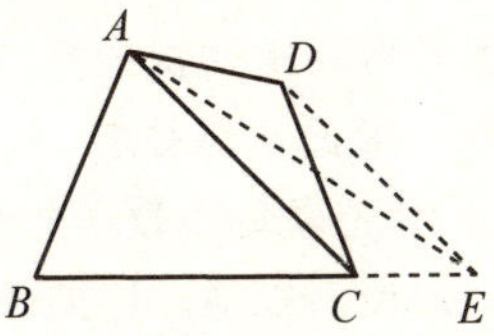

图 6.21

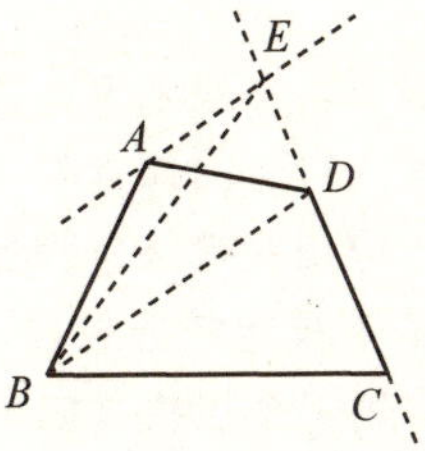

图 6.22

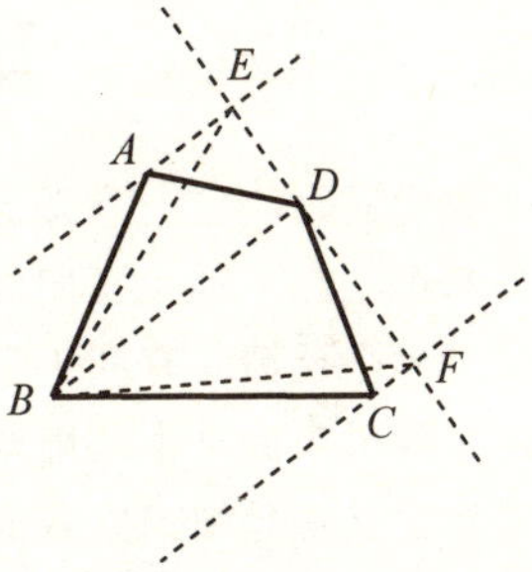

图 6.23

学生的思维需要发散，问题的设计需要开放。但是问题的解决需要寻找有效的方法，数学问题的解决也有基本的套路可循。就像“数”只是一个记号，有了运算，“数”的力量才无限。平行线也只是位置关系，有了角的帮忙，有了“平行线间的距离处处相等”，平行线才变得神通广大。因此，在神通广大的平行线背后，要善于挖掘、发现隐藏着的可利用的条件，为解决问题发挥有效作用。怎样做能够“转移角”，怎样做能够进行“等积变形”，怎样才能“打通”“位置关系”和“数量关系”，怎样才能从“平行”这个位置关系得到角、面积这些数量关系，则体现出教学设计的艺术。潘老师的课堂内挖的是知识间的关联性，向外是借助图形的变形拓展知识的运用，教学的立意是数学素养及数学能力的指向，为学生谋取的是长效利益。从教学设计到课堂实施，着力研究、发现学生知识、能力与情感态度价值观的最近发展区，使知识有“固着点”，使能力有“生长点”，做到数学教学微观上研究学生的学习起点，宏观上注重教学目标达成点，中观上关注数学知识的掌握，尤其是数学知识的灵活运用。教学的核心价值可以视为“智能取向”，这与当前培养学生创新意识和创新能力的教育需求是一致的。在问题意识的主导下，通过探究让学生发现问题、提出问题、分析问题、解决问题，培养学生的思维意识和思维能力，为学生进一步发展奠定基础。

问题是数学活动的载体，在进行数学活动设计时，问题的设计不仅要体现数学知识的本质，还要尽可能“简单、开放”，“简单”使得人人都能参与，“开放”使得不同的人在解决问题的过程中表现出不同的水平，从而在师生交流的过程中出现思维碰撞。解题教学的目的是帮助学生学会解题，并以解题为载体培养学生的思维能力和学习习惯。培养学生的思维能力，就是帮助学会有序而缜密地思考，在解决问题的过程中获得方法。对于解题教学中需要让学生掌握的数学模型和方法可以用“数学活动”的形式代替常见的“通过做题记住结论”现象。《课标(2011 年版)》明确指出“运用数学的思维方式进行思考，增强发现和提出问题的能力、分析和解决问题的能力”，目的就是要进一步强化学生的问题意识。问题意识是学生进行学习，特别是发现学习、探究学习、研究性学习的重要心理因素。

第六节 数学教学的最高境界是培育人才

教学立意决定一堂课的教学境界。一般来说，教学立意有三个层次。第一个层次是知识立意，就是我们常说的授人以鱼的课堂教学。这类教学注重知识传授，关注及时巩固反馈，有利于学生模仿应用并熟练掌握所学知识，形成熟练技能。这类课堂培养出来的学生基础知识、基本技能掌握较好，达到了授之以鱼的教学效果，课堂教学立意是知识立意的层次。第二个层次是能力立意，即授人以渔。这类课堂重视在掌握基础知识与基本技能的基础上培养学生的各种数学能力，达到了授之以渔的教学效果，课堂教学立意是能力立意的层次。第三个层次是生本立意，即授之以育，体现育人为本。

【案例 8】下面是 3 位老师对“完全平方公式”教学处理。

A 老师执教“完全平方公式”的教学流程：

1. 探索活动

(1)如何计算图 6.24 中大正方形的面积？你有什么发现？

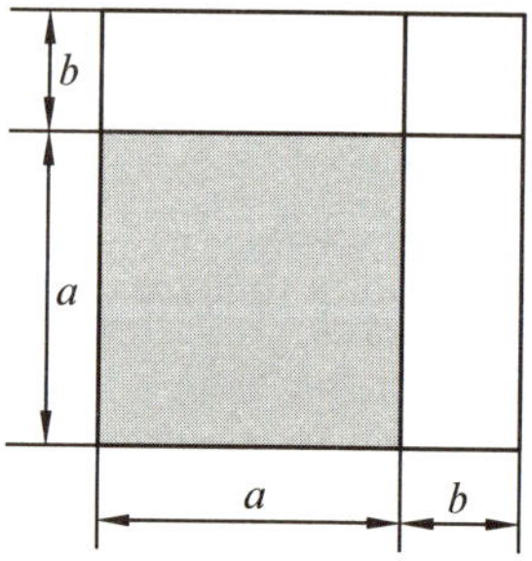

图 6.24

(2)你能用多项式乘法运算法则推导出$(a+b)^2=a^2+2ab+b^2$吗？

(3)尝试运用公式$(a+b)^2=a^2+2ab+b^2$计算$(a-b)^2$？(引导学生感受转化的思想以及知识之间的内在联系。)

(4)观察完全平方公式，你能说出这两个公式的结构特点？

2. 公式应用

(1)例 1：用完全平方公式计算：①$(3+2m)^2$；②$(5x-6y)^2$；③$(-3b-7)^2$。(第③小题你能用几种方法计算，深刻理解、灵活应用两个公式)

(2)练习 1：与例 1 类似的模仿性练习。

(3) 例 2：用简便方法计算：①$98^2$；②$\left(100\frac{1}{2}\right)^2$。

(4)练习 2：与例 2 类似的模仿性练习。

3. 课堂小结：完全平方公式的特征及语言描述。

4. 课堂检测：当堂训练，当堂反馈。

B老师执教“完全平方公式”的教学流程：

1. 探索活动

(1)计算下列各式，你能发现什么规律？

①$(a+2)^2=(a+2)(a+2)=$________；

②$(3a+2b)^2=$________；

③$(a-2)^2=(a-2)(a-2)=$________；

④$(3a-2b)^2=$________。

(2)推广到一般，你能归纳得到什么运算公式？你能推导它吗？

(3)完全平方公式有什么特征？如何用语言描述？

2. 公式应用：与例1和练习1类似，略。

3. 几何解释：你能根据图6.24和图6.25两个正方形的面积分别说明两个完全平方公式吗？

4. 应用拓展：尝试计算$(a+b+c)^2$。

5. 课堂小结：完全平方公式的特征及语言描述。

6. 课堂检测：当堂训练，当堂反馈。

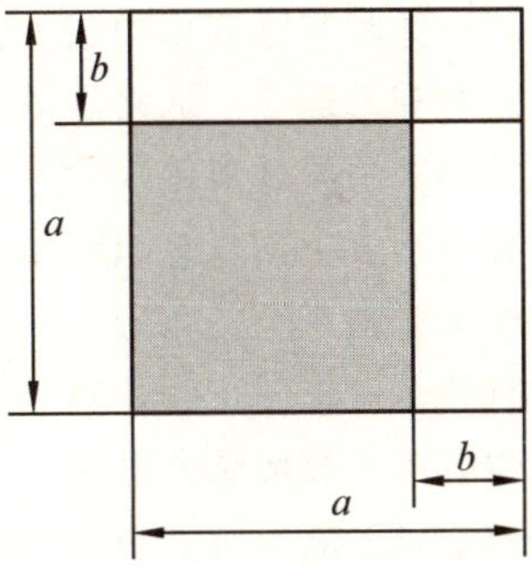

图 6.25

C老师执教“完全平方公式”的教学流程：

1. 探索活动

(1)前面已经学习了多项式的乘法，你能说说运算法则吗？运算的依据是什么？

(2)$(x+b)(x+d)$可以利用公式直接写出结果，它是$(a+b)(c+d)$在$a=c=x$时的特例(先行组织者)。在$(a+b)(c+d)=ac+ad+bc+bd$中，你认为还有哪些特殊情形？你能得到什么？(完全放手让学生探究，学生的结论多种多样，包括完全平方公式和平方差公式。)

(3)完全平方公式有哪些特征？请你用自己的语言表述公式。

2. 公式应用：与例1和练习1类似，略。

3. 几何解释：如果a、b表示线段的长，则a^2、b^2分别表示正方形的面积，你能根据公式形式，自己构造图形表示完全平方公式吗？

4. 课堂小结

(1)请你说说公式的结构特点及应用时应注意的问题。

(2)请你总结一下这节课讨论问题的基本过程。(从一般到特殊，考察特例。)

(3)能否循着上述思路，再提出一些值得研究的问题？

【案例剖析】A老师安排有“探索活动”，教师通过引导学生计算正方形的面积

“探究发现”完全平方公式，但学生会有疑问：这样的正方形哪里来的？为什么只计算它的面积而不计算其他几何量？老师是怎么知道计算这样的正方形面积就能得到完全平方公式的呢？从教学设计实施情况看，通过计算正方形面积能快速引导学生“发现”完全平方公式，但这样的探究仅是名义上的探究，学生没有丰富的探究空间，而是一步一步钻进教师预设的“圈套”，被教师牵着鼻子去快速发现“新知识”，其实是这一种“假探究”。B老师的课上，数学思维中，演绎推理在于验证结论，归纳推理在于发现结论，归纳能力是创新能力的重要基础。中国过去的数学双基教学缺少对学生归纳能力的培养，而概念、定理、公式、法则教学的核心就是“归纳”。学生在学习乘法公式前已经学习了多项式的乘法运算，两个完全相同的多项式相乘在计算和实际应用中较为常见。B老师的课先让学生自己进行两个完全相同的多项式相乘的运算，从而总结发现规律，最后推广归纳一般结论——完全平方公式，公式的来龙去脉清楚，学生真正经历了“由特殊到一般”这一公式的发现和归纳过程，有利于学生创新意识和能力的培养。应用拓展中让学生尝试计算$(a+b+c)^2$。有的学生先画一个正方形，然后将边长分成a、b、c三段，再通过计算面积得出结果；有的学生将$(a+b)$或$(b+c)$看成一个数从而利用完全平方公式得出结果，较好地渗透应用了数形结合思想、化归转化思想、整体思想等数学思想，有利于培养学生在新情境下应用所学知识分析和解决问题的能力。C老师的课上完全平方公式是多项式乘法$(a+b)(c+d)$在$c=a$，$d=b$时的特例，多项式乘法是完全平方公式的知识生长点。C老师的课充分发挥“先行组织者”的作用，引导学生在多项式乘法基础上探究特例，切合知识的发生发展过程和内在的逻辑线索，符合学生的认知规律。课堂小结时引导学生反思公式的探索过程，有利于学生积累基本活动经验；鼓励学生继续探究特例，有的学生提出推广次数，研究$(a+b)^3$，$(a+b)^4$……有的学生提出推广字母个数，研究$(a+b+c)^2$，有利于培养学生发现和提出问题的能力。这些教学环节的设置很好地向学生渗透了从一般到特殊、归纳的思想，教给学生数学研究的一个重要的“基本套路”——考察特例。

探索公式时学生自己寻找特例，对公式进行几何解释时自己构造图形，课堂小结时自己提出研究的问题。虽然探究教学耗时多，学生练习的量有所减少，但学生探究的空间大，是真探究，学生靠自己探究出公式，自己提出好的问题和研究思路。下课了学生还沉浸在浓厚的研究氛围之中，学生的成就感得到了充分的满足，对数学的兴趣得到了充分的激发。三位老师的教学，从知识立意到能力立意，再到生本立意，教学立意的层次越来越高，呈现出一个递进的关系。教学立意的高低直接影响着数学教学的有效性，特别是对过程与方法、情感态度与价值观两个维度的目标达成与否有重要影响。数学教学立意提升的关键在于教师“理解数学”的能力，即教师的“数学素养”：了解数学知识的背景，能准确地把握数学概念、定理、法则、公式等的逻辑意义，能深刻领悟内容所反映的数学思想方法，具有挖掘知识所蕴含的科学方法、理性思维过程和价值观资源的能力和技术，善于区分核心知识和非核心知识等。教师只有切实提高自己“理解数学”的能力，并在此基础上进一步“理解学生”“理解教学”，教学立意的提升才有可能，才可能实现由“授之以鱼（知识立意）→授之以渔（能力立意）→授之以育（生本立意）”的过程。数学教学应该求知、启智和育人：求知要让学生获得基础数学知识、基本数学技能、基本数学思想和基本数学活动经验；启智要学生通过数学知识的学习过程，掌握数学思想方法和思维方式，学会数学地有条理地提出、思考与解决问题；育人则是学生通过求知、启智来培育理性精神，促进自己的全面发展与可持续发展，提高自己追求和创造真、善、美的意识与能力。

教学立意由低到高，对应着课堂教学的思想性由肤浅到深刻，对应着课堂教学的关注点由关注学生的眼前利益到关注学生的长远利益。能力立意包含知识立意，是知识立意的升华，生本立意又包含能力立意，是能力立意的再升华。教师在教学设计时应有追求高立意的意识，只有这样，在教学实施时才有可能有高质量、高效益的数学课堂。

以育人为本的高效课堂，应该以立意为最上，立意高远则自会育人，自成经典。教学立意即教师教学的主观意旨，包括教学原则、方法、目标设置、程式选择等，它是教师践行其教学理念，实现其教学价值追求的核心，体现数学的育人功能。